VIVA 3

Diagnose und individuelle Förderung

von
Barbara Scholz

Vandenhoeck & Ruprecht

Bibliografische Information der Deutschen Nationalbibliothek

Die Deutsche Nationalbibliothek verzeichnet diese Publikation in der Deutschen Nationalbibliografie; detaillierte bibliografische Daten sind im Internet über http://dnb.d-nb.de abrufbar.

ISBN 978-3-525-71090-6

Weitere Ausgaben und Online-Angebote sind erhältlich unter: www.v-r.de

Satz: SchwabScantechnik, Göttingen
Druck und Bindung: ⊕ Hubert & Co, Göttingen

Gedruckt auf alterungsbeständigem Papier.

Inhalt

Vorwort

Im dritten Lernjahr nähert sich der Lehrgang Latein mit VIVA seinem Ende.

Die Schülerinnen und Schüler haben sich die notwendigen Kompetenzen erarbeitet und Fertigkeiten und Techniken entwickelt, um lateinische Texte mit Freude lesen, verstehen und analysieren zu können. Im dritten Band des Lehrwerks werden diese Fähigkeiten vertieft und weiter entwickelt, während die sprachliche Systematik einen vorläufigen Abschluss findet.

Im Übergang zu originalen Texten römischer Autoren weitet sich zugleich der inhaltliche Horizont und öffnet die Tür zur Lektürephase.

In bewährter Manier unterstützt »VIVA 3 Diagnose und individuelle Förderung« die Schülerinnen und Schüler in der Entwicklung von Kompetenzen und der Analyse von Stärken und Schwächen, an denen gezielt gearbeitet werden kann.

Im Gegensatz zu den ersten beiden Diagnoseheften besteht dieses aus drei Teilen:

Im ersten Teil stehen – wie gewohnt – die *Diagnosebögen* zur Verfügung, mit deren Hilfe die Schülerinnen und Schüler ihren Kompetenzerwerb lektionsbezogen überprüfen können. Selbsteinschätzung und Reflexionsfähigkeit sind inzwischen soweit ausgebildet, dass die Lernenden selbstständig mit den Bögen arbeiten und schnell eine Rückmeldung über ihren individuellen Förderbedarf erhalten können. Das Bewertungssystem wurde vereinheitlicht.

Maximal können 20 Punkte erreicht werden. Das führt zu folgendem Bewertungsschlüssel:
20–18 Punkte: Super! Spezialisiere dich und vertiefe deine Kenntnisse nach deinem Interesse.
17–15 Punkte: Gut gemacht! Einzelne Aspekte solltest du aber noch üben und vertiefen.
14–11 Punkte: Ganz in Ordnung. Bitte lege Arbeitsbereiche fest, die du noch üben musst.
10–6 Punkte: Das geht noch besser! Übe gezielt mit dem Lernbegleiter einzelne Aspekte.
5–0 Punkte: Es besteht Übungsbedarf! Lege mit deinem Lehrer Aufgaben und Übungen fest.

Den zweiten inhaltlichen Block bilden die *Lernbegleiter*. Diese dienen als Gelenkstelle zwischen der Diagnose und dem Fördermaterial selbst. Bezugnehmend auf die Auswertung des Diagnosebogens findet sich eine Übersicht über das gesamte zur Verfügung stehende Übungsmaterial (Lehrbuch, Schüler-Arbeitsheft und Diagnoseheft), aus dem somit gezielt eine individuelle Auswahl für das vertiefende Üben und Arbeiten getroffen werden kann.

Drittens wird wieder *Material zur gezielten Förderung* angeboten. Die Übungen zu den verschiedenen Kompetenzbereichen ergänzen das Übungsmaterial im Schülerbuch sowie im Schülerarbeitsheft und können zielgerichtet differenzierend in Absprache zwischen Lehrkraft und Schüler eingesetzt werden. Wie gewohnt liegt der Fokus auf der Sprachkompetenz. Wortschatz und Formenlehre werden wiederholend geübt, vertieft und sukzessive erweitert. Eine methodische Neuerung zu den beiden ersten Diagnoseheften stellen die lektionstextbezogenen Übungen (jeweils 1) dar. Hier bietet sich die Gelegenheit, an einer auf das Wesentliche reduzierten Version des Lektionstextes auf syntaktischer Ebene im und am Text zu arbeiten – gerade auch in Hinsicht auf Satzgliedanalyse und das Erkennen der aktuellen grammatischen und syntaktischen Phänomene.

Ich wünsche allen Schülerinnen und Schülern, aber auch allen Lehrerinnen und Lehrern ein erfolgreiches Arbeiten mit diesem Heft und vor allem viel Freude an der Beschäftigung mit der lateinischen Sprache und Literatur!

Göttingen, im Juni 2015
Barbara Scholz

Diagnosebogen zu Lektion 33

Schätze dich zuerst selbst ein. Bearbeite dann die Aufgaben und überprüfe anhand der erreichten Punkte deine Selbsteinschätzung.

Ich kann …	6–5 ☺	4,5–3 😐	2,5–0 ☹
… die Bedeutungen der neuen Lernwörter richtig angeben (Wortschatz).			
… die Formen des Konjunktiv Präsens sicher erkennen (Grammatik).			
… den Konjunktiv im Hauptsatz je nach Funktion übersetzen (Grammatik).			
… den Streit zwischen Aietes und Iason darlegen (Kultur).			

1. Gib die deutschen Bedeutungen an. (1 Punkt pro Wort)

crimen ____________________ accusare ____________________

postea ____________________ mors ____________________

ius ____________________ aliquis ____________________

2. Unterstreiche die Formen des Konjunktiv Präsens. (richtige Form 1 Punkt)

sit – accusat – defendant – credat – vocabant – audet – audiatis – suscepit

3. Übersetze folgende Sätze. Achte auf die Funktion des Konjunktivs und benenne sie.
(2 Punkte pro Satz: 1,5 Punkte Übersetzung, 0,5 Benennung)

a) Sextus: Vae! Quid faciam? ____________________

b) Metella: Patronum optimum petamus! ____________________

____

c) Sextus: Quis mihi adsit*? ____________________

* *hier: helfen*

4. Erläutere die Folgen der *Proskriptionen* unter Sulla: Wer profitierte? Wer kam zu Schaden?
(maximal 4 Punkte)

____

____

____

____

insgesamt: __________ Punkte von 20.
Welche Kompetenzen musst du noch weiter entwickeln?
Lege im **Lernbegleiter** zu Lektion 33 Arbeitsfelder und Übungen fest.

Diagnosebogen zu Lektion 34

Schätze dich zuerst selbst ein. Bearbeite dann die Aufgaben und überprüfe anhand der erreichten Punkte deine Selbsteinschätzung.

Ich kann …	6–5	4,5–3	2,5–0
	☺	😐	☹
… die Bedeutungen der neuen Lernwörter richtig angeben (Wortschatz).			
… Verbformen im Konjunktiv sicher bestimmen (Grammatik).			
… den Konjunktiv im Hauptsatz je nach Funktion übersetzen (Grammatik).			
… Begriffe aus der Gerichtssprache erklären (Kultur).			

1. Gib die deutschen Bedeutungen an. (1 Punkt pro Wort)

adversus ______________________ accedere ______________________

item ______________________ permittere ______________________

iudex ______________________ iustitia ______________________

2. Ordne die Verbformen in die Tabelle ein. (0,5 Punkte pro Eintrag)

dixeris – putent – necaret – curaremus – probaveritis – dicamus – defendam – docerent

Konjunktiv Präsens	Konjunktiv Imperfekt	Konjunktiv Perfekt

3. Übersetze folgende Sätze. Achte auf die Funktion des Konjunktivs und benenne sie.

(2 Punkte pro Satz: 1,5 Punkte Übersetzung, 0,5 Benennung)

a) Sextus: Utinam iudices me credant! ______________________

b) Cicero: Ne timueris, Sexte! ______________________

c) Iudex: Iustitia vincat! ______________________

4. Schildere den Ablauf eines Prozesses in Rom (Stichworte). (maximal 4 Punkte)

____

____

____

____

insgesamt: __________ Punkte von 20.
Welche Kompetenzen musst du noch weiter entwickeln?
Lege im **Lernbegleiter** zu Lektion 34 Arbeitsfelder und Übungen fest.

Diagnosebogen zu Lektion 35

Schätze dich zuerst selbst ein. Bearbeite dann die Aufgaben und überprüfe anhand der erreichten Punkte deine Selbsteinschätzung.

Ich kann …	6–5 ☺	4,5–3 😐	2,5–0 ☹
… die Bedeutungen der neuen Lernwörter richtig angeben (Wortschatz).			
… Gerundium und Gerundivum im Satz erkennen (Grammatik).			
… die Formen von Gerundium und Gerundivum übersetzen (Grammatik).			
… den Streit zwischen Aietes und Iason darlegen (Kultur).			

1. Gib die deutschen Bedeutungen an. (1 Punkt pro Wort)

temptare ______________________ licet ______________________

ratio ______________________ referre ______________________

adducere ______________________ vehemens ______________________

2. Unterstreiche die nd-Formen. (1 Punkt pro Form)

rapiendae – ingentes – adhibendo – vincet – accipiant – cantandis – funduntur – temptandi

3. Bestimme die nd-Form nach KNG und übersetze diese. (0,5 Punkte pro Form/ 0,5 Punkte pro Übersetzung)

a) dolo <u>adhibendo</u> Iason vicit ______________ ______________________

b) ad pellem <u>rapiendam</u> ______________ ______________________

c) ars <u>navigandi</u> ______________ ______________________

d) paratus ad <u>pugnandum</u> ______________ ______________________

e) occasio hostis <u>necandi</u> ______________ ______________________

4. Erläutere den Konflikt zwischen Aietes und Iason. (maximal 5 Punkte)

____

____

____

____

insgesamt: __________ Punkte von 20.
Welche Kompetenzen musst du noch weiter entwickeln?
Lege im **Lernbegleiter** zu Lektion 35 Arbeitsfelder und Übungen fest.

Diagnosebogen zu Lektion 36

Schätze dich zuerst selbst ein. Bearbeite dann die Aufgaben und überprüfe anhand der erreichten Punkte deine Selbsteinschätzung.

Ich kann …	6–5 ☺	4,5–3 😐	2,5–0 ☹
… die Bedeutungen der neuen Lernwörter richtig angeben (Wortschatz).			
… Komparative und Superlative erkennen (Grammatik).			
… Komparative und Superlative übersetzen (Grammatik).			
… die Geschichte von Iason und Medea erzählen (Kultur).			

1. Gib die deutschen Bedeutungen an. (1 Punkt pro Wort)

lex ______________________ felix ______________________

quam ______________________ cogitare ______________________

interesse ______________________ scribere ______________________

2. Unterstreiche alle Komparativformen rot und alle Superlativformen grün. (1 Punkt pro Form)

diutius – miser – miserrimam – crudeliorem – recens – fuisse – turpissime – diversas – graviore – invita – saevissimis – asperum

3. Übersetze die kurzen Sätze und achte auf die Steigerungsformen. (2 Punkte pro Satz)

a) Medea: Nemo fortior est quam Iason. ______________________

b) Medea: Iason vir fortissimus est. ______________________

c) Medea: Sed ego infelicissima sum. ______________________

4. Im Buch findest du einige Bilder zu *Iason* und *Medea*. Erkläre, warum die Geschichte die Menschen über Jahrhunderte fasziniert hat. (maximal 4 Punkte)

____

____

____

____

insgesamt: __________ Punkte von 20.
Welche Kompetenzen musst du noch weiter entwickeln?
Lege im **Lernbegleiter** zu Lektion 36 Arbeitsfelder und Übungen fest.

Diagnosebogen zu Lektion 37

Schätze dich zuerst selbst ein. Bearbeite dann die Aufgaben und überprüfe anhand der erreichten Punkte deine Selbsteinschätzung.

Ich kann …	6–5	4,5–3	2,5–0
	☺	😐	☹
… die Bedeutungen der neuen Lernwörter richtig angeben (Wortschatz).			
… Formen des Gerundivums sicher identifizieren (Grammatik).			
… das Gerundivum mit *esse* richtig übersetzen (Grammatik).			
… Stichworte zum Leben des Kaisers *Nero* nennen (Kultur).			

1. Gib die deutschen Bedeutungen an. (1 Punkt pro Wort)

parvus	______________________	miscere	______________________
perficere	______________________	adeo	______________________
prope	______________________	consilium	______________________

2. Unterstreiche die nd-Formen. (1 Punkt pro Form)

parvi – miscendum – venenum – iurandi – venti – cantanda – femina – tributum – adhibendae

3. Übersetze. (2 Punkte pro Ausdruck)

a) Amicus tibi servandus est. ______________________

b) Servis cena paranda est. ______________________

d) Omnes res credendae non sunt. ______________________

4. Kaiser Nero: Fasse in Stichpunkten wichtige Fakten zu seiner Regierungszeit zusammen. (maximal 4 Punkte)

____

____

____

____

insgesamt: __________ Punkte von 20.
Welche Kompetenzen musst du noch weiter entwickeln?
Lege im **Lernbegleiter** zu Lektion 37 Arbeitsfelder und Übungen fest.

Diagnosebogen zu Lektion 38

Schätze dich zuerst selbst ein. Bearbeite dann die Aufgaben und überprüfe anhand der erreichten Punkte deine Selbsteinschätzung.

Ich kann …	6–5	4,5–3	2,5–0
	☺	😐	☹
… die Bedeutungen der neuen Lernwörter richtig angeben (Wortschatz).			
… Deponentien erkennen (Grammatik).			
… Deponentien richtig übersetzen (Grammatik).			
… den Begriff *Stoa* kurz erläutern (Kultur).			

1. Gib die deutschen Bedeutungen an. (1 Punkt pro Wort)

egredi ______________________ tunc ______________________

facilis ______________________ sequi ______________________

postremo ______________________ amicitia ______________________

2. Unterstreiche die Deponentien. (1 Punkt pro Form)

conservare – hortari – neglegentes – prohibetur – patior – sequerentur – usus est – interfectus est

3. Übersetze die Verbform. Achte darauf: Deponens oder nicht? (2 Punkte pro Eintrag)

a) moritur ______________________

b) conservatur ______________________

c) usus est ______________________

4. Nenne und erkläre einige Grundbegriffe der stoischen Philosophie. (maximal 4 Punkte)

____

____

____

____

insgesamt: __________ Punkte von 20.
Welche Kompetenzen musst du noch weiter entwickeln?
Lege im **Lernbegleiter** zu Lektion 38 Arbeitsfelder und Übungen fest.

Diagnosebogen zu Lektion 39

Schätze dich zuerst selbst ein. Bearbeite dann die Aufgaben und überprüfe anhand der erreichten Punkte deine Selbsteinschätzung.

Ich kann …	6–5	4,5–3	2,5–0
	☺	😐	☹
… die Bedeutungen der neuen Lernwörter richtig angeben (Wortschatz).			
… die Formen des Futur II sicher erkennen und übersetzen (Grammatik).			
… die Formen von Futur I und Futur II bilden (Grammatik).			
… die Begriffe *Tragödie* und *Komödie* erklären (Kultur).			

1. Gib die deutschen Bedeutungen an. (1 Punkt pro Wort)

discedere ______________________ reverti ______________________

domi ______________________ hinc ______________________

senex ______________________ proficisci ______________________

2. Unterstreiche die Futur II-Formen. (1 Punkt pro Form)

profecti erunt – ibo – clamaverit – revertit – offenderimus – verearis – ero – fuero – intrabit – cupiverint

3. Bilde die fehlenden Formen. (0,5 Punkte pro Form)

Präsens	Futur I	Futur II
videt		
irascitur		
donant		
cupio		
claudimus		

4. Nenne in Stichworten Ursprung, Inhalt und Kennzeichen von Tragödie und Komödie. (maximal 4 Punkte)

	Tragödie	Komödie
Ursprung		
Inhalt		
Kennzeichen		

insgesamt: __________ Punkte von 20.
Welche Kompetenzen musst du noch weiter entwickeln?
Lege im **Lernbegleiter** zu Lektion 39 Arbeitsfelder und Übungen fest.

Diagnosebogen zu Lektion 40

Schätze dich zuerst selbst ein. Bearbeite dann die Aufgaben und überprüfe anhand der erreichten Punkte deine Selbsteinschätzung.

Ich kann …	6–5 ☺	4,5–3 😐	2,5–0 ☹
… die Bedeutungen der neuen Lernwörter richtig angeben (Wortschatz).			
… die Formen von *velle, nolle, malle* sicher bestimmen (Grammatik).			
… *velle, nolle, malle* in allen Tempora konjugieren (Grammatik).			
… eine Beerdigung in Rom schildern (Kultur).			

1. Gib die deutschen Bedeutungen an. (1 Punkt pro Wort)

frangere ______________________ pauper ______________________

aes ______________________ nolle ______________________

antequam ______________________ opinari ______________________

2. Bestimme die Formen. Übersetze. (0,5 Punkte pro Form, 0,5 Punkte pro Übersetzung)

maluimus ______________ ______________________________

noluisset ______________ ______________________________

vult ______________ ______________________________

volebant ______________ ______________________________

malitis ______________ ______________________________

nolemus ______________ ______________________________

3. Bilde die entsprechende Form von *velle*. (1 Punkt pro Form)

cupiat ______________________ cupiveramus ______________________

cupiverunt ______________________ cuperes ______________________

4. Nenne wichtige Elemente des römischen Totenkults. (maximal 4 Punkte)

____

____

____

____

insgesamt: __________ Punkte von 20.
Welche Kompetenzen musst du noch weiter entwickeln?
Lege im **Lernbegleiter** zu Lektion 40 Arbeitsfelder und Übungen fest.

Diagnosebogen zu Lektion 41

Schätze dich zuerst selbst ein. Bearbeite dann die Aufgaben und überprüfe anhand der erreichten Punkte deine Selbsteinschätzung.

Ich kann …	6–5	4,5–3	2,5–0
	☺	😐	☹
… die Bedeutungen der neuen Lernwörter richtig angeben (Wortschatz).			
… lat. Zahlen und Zahlzeichen erkennen und zuordnen (Grammatik, Wortschatz).			
… lat. Grund- und Ordnungszahlen übersetzen (Grammatik).			
… Form und Inhalt der röm. Komödie erläutern (Kultur).			

1. Gib die deutschen Bedeutungen an. (1 Punkt pro Wort)

quintus ______________________ clemens ______________________

sumere ______________________ cuncti ______________________

vicinus ______________________ triginta ______________________

2. Ordne die Zahlen in die Tabelle ein. (0,5 Punkte pro Eintrag)

	182–13–9 – 70–24	LXX – XIII – XXIIII – CLXXXII – IX
novem		
septuaginta		
tredecim		
viginti quattuor		
centum octoginta duo		

3. Übersetze. (1 Punkt pro Form)

hora septima ______________________

homo quadraginta quinque annorum ______________________

anno bis millesimo quarto decimo ______________________

undecimo die mensis ______________________

sexaginta duo minae ______________________

4. Fasse die Handlung der *Mostellaria* kurz zusammen. Was ist typisch für eine römische Komödie?

(maximal 4 Punkte)

____

____

____

____

insgesamt: __________ Punkte von 20.
Welche Kompetenzen musst du noch weiter entwickeln?
Lege im **Lernbegleiter** zu Lektion 41 Arbeitsfelder und Übungen fest.

Diagnosebogen zu Lektion 42

Schätze dich zuerst selbst ein. Bearbeite dann die Aufgaben und überprüfe anhand der erreichten Punkte deine Selbsteinschätzung.

Ich kann …	6–5 ☺	4,5–3 😐	2,5–0 ☹
… die Bedeutungen der neuen Lernwörter richtig angeben (Wortschatz).			
… die Formen des PFA sicher erkennen (Grammatik).			
… die Formen des PFA bestimmen und die Grundform nennen (Grammatik).			
… wesentliche Aspekte des Lebens im Kloster nennen (Kultur).			

1. Gib die deutschen Bedeutungen an. (1 Punkt pro Wort)

sentire	____________	cogere	____________
frustra	____________	valde	____________
eicere	____________	patientia	____________

2. Unterstreiche alle PFA-Formen. (1 Punkt pro Form)

rogaturus – corpus – condituri – convenientes – impondituros – receptos – datum – visuram

3. Bestimme KNG und nenne die Grundform des Verbs. (0,5 Punkte pro Bestimmung, 0,5 Punkte pro Infinitiv)

PFA	Formenbestimmung	Infinitiv
missura		
appellaturo		
precaturi		
conventuros		
moraturae		
interrogaturam		

4. Zeige die Unterschiede zwischen einem Leben in der Welt und dem Leben im Kloster auf. (maximal 4 Punkte)

Leben in der Welt	Leben im Kloster

insgesamt: ________ Punkte von 20.
Welche Kompetenzen musst du noch weiter entwickeln?
Lege im **Lernbegleiter** zu Lektion 42 Arbeitsfelder und Übungen fest.

Diagnosebogen zu Lektion 43

Schätze dich zuerst selbst ein. Bearbeite dann die Aufgaben und überprüfe anhand der erreichten Punkte deine Selbsteinschätzung.

Ich kann …	6–5	4,5–3	2,5–0
	☺	😐	☹
… die Bedeutungen der neuen Lernwörter richtig angeben (Wortschatz).			
… den Infinitiv Futur Aktiv erkennen und die Grundform nennen (Grammatik).			
… einen AcI im Satz erkennen und im richtigen ZV übersetzen (Grammatik).			
… Jenseitsvorstellungen erläutern (Kultur).			

1. Gib die deutschen Bedeutungen an. (1 Punkt pro Wort)

minor ______________________ super ______________________

cadere ______________________ lectus ______________________

progredi ______________________ surgere ______________________

2. Kreuze an und nenne die Grundform. (0,5 Punkte pro richtiger Bestimmung, 0,5 Punkte pro Infinitiv Präsens)

Form	Inf. Perfekt Passiv	Inf. Futur Aktiv	Grundform
doctum esse			
positurum esse			
abiturum esse			
adventum esse			

3. Markiere den AcI mit einer Klammer, unterstreiche Subjektsakkusativ und Prädikatsinfinitiv.

(2 Punkte pro Satz) Dann übersetze. (1 Punkt pro Satz)

a) Iulianus se cum Thurkillo iam progressurum esse dixit.

b) Thurkillus beatum Paulum animos mortuorum liberaturum esse speravit.

a) ____

b) ____

4. Vergleiche die Vorstellungen verschiedener Religionen über das »Gericht« nach dem Tod. (maximal 4 Punkte)

____

____

____

insgesamt: __________ Punkte von 20.
Welche Kompetenzen musst du noch weiter entwickeln?
Lege im **Lernbegleiter** zu Lektion 43 Arbeitsfelder und Übungen fest.

Diagnosebogen zu Lektion 44

Schätze dich zuerst selbst ein. Bearbeite dann die Aufgaben und überprüfe anhand der erreichten Punkte deine Selbsteinschätzung.

Ich kann …	6–5	4,5–3	2,5–0
	☺	😐	☹
… die Bedeutungen der neuen Lernwörter richtig angeben (Wortschatz).			
… den Infinitiv Präsens Passiv erkennen (Grammatik).			
… einen NcI im Satz erkennen und den NcI-Auslöser nennen (Grammatik).			
… etwas über *Ovid* erzählen (Kultur).			

1. Gib die deutschen Bedeutungen an. (1 Punkt pro Wort)

certus	______________	vestigium	______________
reri	______________	conari	______________
qualis	______________	humanus	______________

2. Unterstreiche die Infinitive im Präsens Passiv. (1 Punkt pro Form)

coli – crimini – ipsi – mutari – vulti – subiecti – necari – relinqui – impositury

3. Unterstreiche den NcI-Auslöser und markiere den NcI mit einer Klammer. (1 Punkt pro Satz)

a) Iupiter maximus deorum fuisse traditur.
b) Homines antiquis temporibus deos coluisse putantur.
c) Lycaon iram dei fugere videtur.

Übersetze dann die Sätze. (1 Punkt pro Satz)

a) ______________________________
b) ______________________________
c) ______________________________

4. Nenne einige Stichworte zum Leben und Werk des *Publius Ovidius Naso*. (maximal 4 Punkte)

____
____
____
____

insgesamt: __________ Punkte von 20.
Welche Kompetenzen musst du noch weiter entwickeln?
Lege im **Lernbegleiter** zu Lektion 44 Arbeitsfelder und Übungen fest.

Diagnosebogen zu Lektion 45

Schätze dich zuerst selbst ein. Bearbeite dann die Aufgaben und überprüfe anhand der erreichten Punkte deine Selbsteinschätzung.

Ich kann …	6–5	4,5–3	2,5–0
	☺	😐	☹
… die Bedeutungen der neuen Lernwörter richtig angeben (Wortschatz).			
… Konjunktivformen erkennen (Grammatik).			
… wichtige Regeln zur *oratio obliqua* nennen und erläutern (Grammatik).			
… den Namen *Petron* und den Titel *Satyrica* erläutern (Kultur).			

1. Gib die deutschen Bedeutungen an. (1 Punkt pro Wort)

quondam ______________________ lumen ______________________

donec ______________________ confiteri ______________________

respicere ______________________ operire ______________________

2. Unterstreiche alle Konjunktiv-Formen. (1 Punkt pro Form)

pervenirem – confessus est – narravit – veniat – discederet – occidisses – factae erant – fugiat – sit

3. Wahr oder falsch? Kreuze an. (0,5 Punkte pro Antwort)

In der *oratio obliqua* stehen	wahr	falsch
– indikativische Hauptsätze immer im AcI	☐	☐
– indikativische Gliedsätze immer im AcI	☐	☐
– alle Gliedsätze im Konjunktiv	☐	☐
– alle konjunktivischen Gliedsätze im Konjunktiv	☐	☐
– Hauptsätze, die Befehle, Wünsche etc. enthalten, im Indikativ	☐	☐
In der *oratio obliqua* gelten		
– die Zeitverhältnisse im AcI wie gewohnt	☐	☐
– überhaupt keine Zeitverhältnisse	☐	☐
– die Regeln für das Zeitverhältnis in konjunktivischen Gliedsätzen	☐	☐

4. Erläutere in Stichworten den Inhalt des Werkes *Satyrica* von *Petron*. (maximal 4 Punkte)

____

____

____

____

insgesamt: __________ Punkte von 20.
Welche Kompetenzen musst du noch weiter entwickeln?
Lege im **Lernbegleiter** zu Lektion 45 Arbeitsfelder und Übungen fest.

Mein LERNBEGLEITER Lektion 33

1. Überprüfe, was du bisher gelernt hast (→ Diagnosebogen zu L 33).

2. Entscheide, was du besonders gründlich üben willst.

- ☐ Wortschatz Lektion 33
- ☐ Wortschatz früherer Lektionen
- ☐ Grammatik: Formen des Konjunktiv (Präsens) erkennen und sicher bestimmen
- ☐ Grammatik: Formen des Konjunktiv (Präsens) bilden
- ☐ Grammatik: Konjunktive im HS übersetzen
- ☐ Übersetzen allgemein
- ☐ Sachwissen

3. Wiederhole, was du dir als Schwerpunkt vorgenommen hast:

Wortschatz:	1.	Lerne die Wörter.
	2.	Lass dich von Freunden/Eltern abfragen.
Grammatik:	1.	Wiederhole die Formenbildung des Konjunktivs (Grammatik Lektion 33).
	2.	Notiere, welche Fragen du noch zur Thematik stellen möchtest.
Sachwissen	1.	Lies den Informationstext »Proskription«.
	2.	Recherchiere weitere Informationen zur Zeit Sullas.

4. Wähle aus den Übungen zu Lektion 33 gezielt einige aus:

Kompetenz	Übungen zur Auswahl	**Buch**	**AH**	**Fördermaterial**
Wörter im Deutschen wiedergeben		3, 4, 5, 6, 7	1	2
Konjunktiv/Formen erkennen		8, 10	3	1, 3
Konjunktiv/Formen bilden		9, 11	4, 5	3, 4
Konjunktiv im HS übersetzen			8, 9	1, 4
Formen von *aliquis* erkennen		12, 13	6, 7	
Texte übersetzen		14, Zusatztext	9	1, 4

5. Übe mit den ausgewählten Übungen.

Mein LERNBEGLEITER Lektion 34

1. Überprüfe, was du bisher gelernt hast (→ Diagnosebogen zu L 34).

2. Entscheide, was du besonders gründlich üben willst.

☐ Wortschatz Lektion 34
☐ Wortschatz früherer Lektionen
☐ Grammatik: Formen des Konjunktiv (alle Tempora) erkennen und sicher bestimmen
☐ Grammatik: Formen des Konjunktiv (alle Tempora) bilden
☐ Grammatik: Konjunktive im HS übersetzen
☐ Übersetzen allgemein
☐ Sachwissen

3. Wiederhole, was du dir als Schwerpunkt vorgenommen hast:

Wortschatz:
1. Lerne die Wörter.
2. Lass dich von Freunden/Eltern abfragen.

Grammatik:
1. Wiederhole die Bildung der Konjunktive (Grammatik Formentabellen). Lies die Informationen zum Konjunktiv im HS (Grammatik L 33 und 34).
2. Notiere, welche Fragen du noch zur Thematik stellen möchtest.

Sachwissen
1. Lies den Informationstext »In ius vocare«.
2. Recherchiere weitere Informationen und referiere über Prozesse in Rom.

4. Wähle aus den Übungen zu Lektion 34 gezielt einige aus:

Kompetenz		Buch	AH	Fördermaterial
Wörter im Deutschen wiedergeben	Übungen zur Auswahl	4, 5, 6, 7, 8	1	2, 5
Substantive deklinieren			2	
Konjunktiv/Formen erkennen		10	3, 4, 5	1
Konjunktiv/Formen bilden		11	6	3
Konjunktiv im HS übersetzen		1, 2, 9, 12, 13, 14	7, 8	1, 4
Texte übersetzen		15, Zusatztext	9	1, 4

5. Übe mit den ausgewählten Übungen.

Mein LERNBEGLEITER Lektion 35

1. Überprüfe, was du bisher gelernt hast (→ Diagnosebogen zu L 35).

2. Entscheide, was du besonders gründlich üben willst.

☐ Wortschatz Lektion 35
☐ Wortschatz früherer Lektionen
☐ Grammatik: Kasusendungen der Substantive erkennen und sicher bestimmen
☐ Grammatik: AcI, PC und Abl. abs. erkennen und übersetzen
☐ Grammatik: nd-Formen erkennen und richtig übersetzen
☐ Übersetzen allgemein
☐ Sachwissen

3. Wiederhole, was du dir als Schwerpunkt vorgenommen hast:

Wortschatz:	1.	Lerne die Wörter.
	2.	Lass dich von Freunden/Eltern abfragen.
Grammatik:	1.	Wiederhole die Deklinationen: o/a-Dekl. (Grammatik Formentabellen). Lies die Informationen zu den nd-Formen (Grammatik L 35).
	2.	Notiere, welche Fragen du noch zur Thematik stellen möchtest.
Sachwissen	1.	Lies den Informationstext »Iasons Schuld?«.
	2.	Recherchiere weitere Informationen und erstelle ein Plakat.

4. Wähle aus den Übungen zu Lektion 35 gezielt einige aus:

Kompetenz	Übungen zur Auswahl	**Buch**	**AH**	**Fördermaterial**
Wörter im Deutschen wiedergeben		4, 6	1	2
Substantive deklinieren			2	
Konstruktionen (PC, Abl. abs., AcI) erkennen + übersetzen		13, 14	4, 5	1
nd-Formen bilden		9		3
nd-Formen übersetzen		1, 2, 7, 8, 9, 10, 11, 14	6, 7	1, 3, 4
Texte übersetzen		14, Zusatztext	8	1, 4

5. Übe mit den ausgewählten Übungen.

Mein LERNBEGLEITER Lektion 36

1. Überprüfe, was du bisher gelernt hast (→ Diagnosebogen zu L 36).

2. Entscheide, was du besonders gründlich üben willst.

☐ Wortschatz Lektion 36
☐ Wortschatz früherer Lektionen
☐ Grammatik: Steigerungsformen (Komparativ und Superlativ) erkennen
☐ Grammatik: Steigerungsformen (Komparativ und Superlativ) übersetzen
☐ Übersetzen allgemein
☐ Sachwissen

3. Wiederhole, was du dir als Schwerpunkt vorgenommen hast:

Wortschatz:
1. Lerne die Wörter.
2. Lass dich von Freunden/Eltern abfragen.

Grammatik:
1. Wiederhole die Bildung der Steigerungsformen (Grammatik).
2. Lies den Text »Die Steigerung« im Lehrbuch.
3. Notiere, welche Fragen du noch zur Steigerung stellen möchtest.

Sachwissen
1. Lies den Informationstext »Verstehen und Verstehen«.
2. Entwirf eine Grafik zum Hörverstehen und inhaltlichen Verstehen.

4. Wähle aus den Übungen zu Lektion 36 gezielt einige aus:

Kompetenz		Buch	AH	Fördermaterial
Wörter im Deutschen wiedergeben	Übungen zur Auswahl	3, 4, 5, 6, 7	1, 2	
Steigerungsformen erkennen/bilden		8, 9, 10	3, 5, 6, 7, 8, 9	
Fragesätze ins Deutsche übersetzen		11, 12		
Partizipialkonstruktionen (PC und Abl. abs.) übersetzen		13	(11)	
Texte übersetzen		13, Zusatztext	10, 11	

5. Übe mit den ausgewählten Übungen.

Mein LERNBEGLEITER Lektion 37

1. Überprüfe, was du bisher gelernt hast (→ Diagnosebogen zu L 37).

2. Entscheide, was du besonders gründlich üben willst.

☐ Wortschatz Lektion 37
☐ Wortschatz früherer Lektionen
☐ Grammatik: nd-Formen (Gerundium und Gerundiv) erkennen
☐ Grammatik: nd-Formen (Gerundium und Gerundiv) übersetzen, bes. Gerundiv + *esse*
☐ Grammatik: Konjunktive und/oder Deklinationen wiederholen
☐ Übersetzen allgemein
☐ Sachwissen

3. Wiederhole, was du dir als Schwerpunkt vorgenommen hast:

Wortschatz:
1. Lerne die Wörter.
2. Lass dich von Freunden/Eltern abfragen.

Grammatik:
1. Wiederhole die Bildung der nd-Formen (Grammatik Lektion 35).
2. Lies die Grammatik zur Übersetzung des Gerundiv + *esse* (Lektion 37).
3. Notiere, welche Fragen du noch zur Thematik stellen möchtest.

Sachwissen
1. Lies den Informationstext »Nero«.
2. Bearbeite die Aufgaben auf der Bild-Doppelseite zu Nero und Agrippina.

4. Wähle aus den Übungen zu Lektion 37 gezielt einige aus:

Kompetenz	**Übungen zur Auswahl**	**Buch**	**AH**	**Fördermaterial**
Wörter im Deutschen wiedergeben		3, 5, 6	1, 2	1, 2
nd-Formen erkennen/bilden		10, 11	7, 8, 9	1, 2, 3
Deklinationen und Verbformen sicher beherrschen			3, 4, 5, 6	
Konjunktive erkennen und übersetzen		7, 8		
nd-Formen richtig übersetzen		9	7, 8, 9	1, 2, 4
Texte übersetzen		11, Zusatztext	10	

5. Übe mit den ausgewählten Übungen.

Mein LERNBEGLEITER Lektion 38

1. Überprüfe, was du bisher gelernt hast (→ Diagnosebogen zu L 38).

2. Entscheide, was du besonders gründlich üben willst.

☐ Wortschatz Lektion 38
☐ Wortschatz früherer Lektionen
☐ Grammatik: Deponentien erkennen und ihre Formen bestimmen (auch von *fieri)*
☐ Grammatik: Deponentien richtig übersetzen
☐ Grammatik: Wiederholung von KNG-Kongruenz, AcI, PC bzw. Abl. abs.
☐ Übersetzen allgemein
☐ Sachwissen

3. Wiederhole, was du dir als Schwerpunkt vorgenommen hast:

Wortschatz:
1. Lerne die Wörter.
2. Lass dich von Freunden/Eltern abfragen.

Grammatik:
1. Wiederhole die Formenbildung der Deponentien (Grammatik Lektion 38).
2. Notiere, welche Fragen du noch zur Thematik stellen möchtest.

Sachwissen
1. Lies den Informationstext »Übersetzen« und wende die Hilfen bewusst beim Übersetzen eines Textes (z. B. Zweittext zur Lektion 38) an.
2. Lies den Informationstext »Lebenshilfe« zur antiken Philosophie.

4. Wähle aus den Übungen zu Lektion 38 gezielt einige aus:

Kompetenz	Übungen zur Auswahl: Buch	AH	Fördermaterial
Wörter im Deutschen wiedergeben	3, 4, 5, 6, 7	1, 2	2
Deponentien/Formen erkennen	9	6, 7, 8	1, 3
Deponentien/Formen bilden	8	5	3, 4
KNG-Kongruenzen erkennen		3, 4	
Zeitverhältnisse im AcI benennen	9	10	1
PC/Abl. abs. sicher erkennen	12		1
Texte übersetzen	12, Zusatztext	11	1

5. Übe mit den ausgewählten Übungen.

Mein LERNBEGLEITER Lektion 39

1. **Überprüfe, was du bisher gelernt hast (→ Diagnosebogen zu L 39).**

2. **Entscheide, was du besonders gründlich üben willst.**

- ☐ Wortschatz Lektion 39
- ☐ Wortschatz früherer Lektionen
- ☐ Grammatik: Formen des Futur II erkennen und sicher bestimmen
- ☐ Grammatik: Formen des Futur II bilden können
- ☐ Grammatik: Wiederholung des Genitivs – Formenbildung und Funktionen
- ☐ Übersetzen allgemein
- ☐ Sachwissen

3. **Wiederhole, was du dir als Schwerpunkt vorgenommen hast:**

Wortschatz:	1.	Lerne die Wörter.
	2.	Lass dich von Freunden/Eltern abfragen.
Grammatik:	1.	Wiederhole die Formenbildung des Futur II (Grammatik Lektion 39).
	2.	Notiere, welche Fragen du noch zur Thematik stellen möchtest.
Sachwissen	1.	Lies den Informationstext »Tragödie und Komödie«.
	2.	Vergleiche mit heutigen Theateraufführungen (Plakat/Referat).

4. **Wähle aus den Übungen zu Lektion 39 gezielt einige aus:**

Kompetenz	Übungen zur Auswahl	Buch	AH	Fördermaterial
Wörter im Deutschen wiedergeben		3, 4, 5	1	2
Futur II/Formen erkennen		1	7	1, 3
Futur II/Formen bilden		8	6	4
Genitiv: Formen + Funktionen kennen			2, 3	
Deponentien kennen			5	1
AcI, PC, nd-Formen übersetzen		10		1
Texte übersetzen			8, 9	1, 5

5. **Übe mit den ausgewählten Übungen.**

Mein LERNBEGLEITER Lektion 40

1. Überprüfe, was du bisher gelernt hast (→ Diagnosebogen zu L 40).

2. Entscheide, was du besonders gründlich üben willst.

☐ Wortschatz Lektion 40

☐ Wortschatz früherer Lektionen

☐ Grammatik: Formen von *velle, nolle, malle* erkennen und sicher bestimmen

☐ Grammatik: Formen von *velle, nolle, malle* bilden können

☐ Grammatik: Wiederholung des Dativs – Formenbildung und Funktionen

☐ Übersetzen allgemein

☐ Sachwissen

3. Wiederhole, was du dir als Schwerpunkt vorgenommen hast:

Wortschatz:	1.	Lerne die Wörter.
	2.	Lass dich von Freunden/Eltern abfragen.
Grammatik:	1.	Wiederhole die Formenbildung von *velle, nolle, malle* (Grammatik Lektion 40).
	2.	Notiere, welche Fragen du noch zur Thematik stellen möchtest.
Sachwissen	1.	Lies den Informationstext »Totenkult« und recherchiere dazu.
	2.	Inszeniert eine kleine römische Beerdigungsszene und spielt sie vor.

4. Wähle aus den Übungen zu Lektion 40 gezielt einige aus:

Kompetenz	**Übungen zur Auswahl**	**Buch**	**AH**	**Fördermaterial**
Wörter im Deutschen wiedergeben		3, 4, 5	1, 2	2
velle, nolle, malle/Formen erkennen		2	5, 6	1, 3
velle, nolle, malle/Formen bilden			7	
Dativ: Formen/Funktionen kennen			3, 4	
Texte übersetzen		10	8	1, 4, 5

5. Übe mit den ausgewählten Übungen.

Mein LERNBEGLEITER Lektion 41

1. Überprüfe, was du bisher gelernt hast (→ Diagnosebogen zu L 41).

2. Entscheide, was du besonders gründlich üben willst.

- ☐ Wortschatz Lektion 41
- ☐ Wortschatz früherer Lektionen
- ☐ Grammatik: Zahlen/Zahlwörter erkennen und richtig übersetzen
- ☐ Grammatik: Zahlen auf Latein nennen und deklinieren
- ☐ Grammatik: Wiederholung des Akkusativs – Formenbildung und Funktionen
- ☐ Grammatik: Wiederholung des Ablativs – Formenbildung und Funktionen
- ☐ Übersetzen allgemein
- ☐ Sachwissen

3. Wiederhole, was du dir als Schwerpunkt vorgenommen hast:

Wortschatz:
1. Lerne die Wörter.
2. Lass dich von Freunden/Eltern abfragen.

Grammatik:
1. Wiederhole die Zahlwörter (Grammatik Lektion 41).
2. Notiere, welche Fragen du noch zur Thematik stellen möchtest.
3. Funktionen der Kasus Akkusativ und Ablativ

Sachwissen
1. Lies die drei Texte zur »Mostellaria« noch einmal durch.
2. Verfasse eine Übersicht über die Szenen oder einen Comic.

4. Wähle aus den Übungen zu Lektion 41 gezielt einige aus:

Kompetenz	Übungen zur Auswahl	Buch	AH	Fördermaterial
Wörter im Deutschen wiedergeben		3, 4, 5	1, 2, 3	2
Zahlwörter erkennen + übersetzen		7	8	1, 3, 4
Zahlen bilden		6	6	1
Akkusativ/Formen + Funktionen			4, 5	
Ablativ/Formen + Funktionen			6, 7	1
Texte übersetzen		10	10, 11	1, 5

5. Übe mit den ausgewählten Übungen.

Mein LERNBEGLEITER Lektion 42

1. Überprüfe, was du bisher gelernt hast (→ Diagnosebogen zu L 42).

2. Entscheide, was du besonders gründlich üben willst.

☐ Wortschatz Lektion 42

☐ Wortschatz früherer Lektionen

☐ Grammatik: Partizipien, besonders PFA erkennen (auch in deklinierten Formen)

☐ Grammatik: PFA bilden und deklinieren

☐ Grammatik: Partizipialkonstruktionen erkennen (PC, Abl. abs.) und wiedergeben

☐ Übersetzen allgemein

☐ Sachwissen

3. Wiederhole, was du dir als Schwerpunkt vorgenommen hast:

Wortschatz:
1. Lerne die Wörter.
2. Lass dich von Freunden/Eltern abfragen.

Grammatik:
1. Wiederhole das PFA (Grammatik Lektion 42).
2. Notiere, welche Fragen du noch zur Thematik stellen möchtest.

Sachwissen
1. Lies den Text »Leben in Einkehr« noch einmal durch.
2. Recherchiere über das Leben der Mönche – früher und heute.

4. Wähle aus den Übungen zu Lektion 42 gezielt einige aus:

Kompetenz	Übungen zur Auswahl	Buch	AH	Fördermaterial
Wörter im Deutschen wiedergeben		3, 4, 5, 6	1	2
Partizipien erkennen + übersetzen		7	2	1
Partizipien bilden		8	3	3
PC und Abl. abs. übersetzen		12	5, 6	1, 4
Zeitverhältnisse im PC/Abl. abs.		12, 13	6, 7	1, 5
Texte übersetzen		13	8	1, 5

5. Übe mit den ausgewählten Übungen.

Mein LERNBEGLEITER Lektion 43

1. Überprüfe, was du bisher gelernt hast (→ Diagnosebogen zu L 43).

2. Entscheide, was du besonders gründlich üben willst.

☐ Wortschatz Lektion 43
☐ Wortschatz früherer Lektionen
☐ Grammatik: Formen des PFA erkennen und sicher bestimmen
☐ Grammatik: Formen der Infinitive erkennen und bilden
☐ Grammatik: Zeitverhältnisse im AcI erkennen und richtig übersetzen
☐ Übersetzen allgemein
☐ Sachwissen

3. Wiederhole, was du dir als Schwerpunkt vorgenommen hast:

Wortschatz:
1. Lerne die Wörter.
2. Lass dich von Freunden/Eltern abfragen.

Grammatik:
1. Wiederhole die Formenbildung der Partizipien (Grammatik Lekt. 42/43).
2. Notiere, welche Fragen du noch zur Thematik stellen möchtest.

Sachwissen
1. Lies den Informationstext »Klöster – Horte des Wissens«.
2. Recherchiere weitere Informationen zum Leben im Kloster – im MA und heute! Präsentiere deine Erkenntnisse in einer passenden Form.

4. Wähle aus den Übungen zu Lektion 43 gezielt einige aus:

<table>
<tr><th>Kompetenz</th><th></th><th>Buch</th><th>AH</th><th>Fördermaterial</th></tr>
<tr><td>Wörter im Deutschen wiedergeben</td><td rowspan="6">Übungen zur Auswahl</td><td>3, 4, 5, 6,</td><td>1</td><td>2</td></tr>
<tr><td>PFA/Formen erkennen + bilden</td><td>7, 8</td><td>3</td><td>1, 3, 4</td></tr>
<tr><td>Infinitive/Formen erkennen + bilden</td><td>9, 10</td><td>3</td><td></td></tr>
<tr><td>AcI im richtigen ZV übersetzen</td><td>11, 12, 13</td><td>4, 5</td><td>1, 5</td></tr>
<tr><td>Steigerungsformen bilden</td><td></td><td>2</td><td></td></tr>
<tr><td>Texte übersetzen</td><td>13</td><td>6</td><td>1, 5</td></tr>
</table>

5. Übe mit den ausgewählten Übungen.

Mein LERNBEGLEITER Lektion 44

1. Überprüfe, was du bisher gelernt hast (→ Diagnosebogen zu L 44).

2. Entscheide, was du besonders gründlich üben willst.

☐ Wortschatz Lektion 44
☐ Wortschatz früherer Lektionen
☐ Grammatik: Formen des Infinitivs erkennen und sicher bestimmen
☐ Grammatik: Den NcI erkennen, das ZV bestimmen und richtig übersetzen
☐ Grammatik: nd-Formen erkennen und richtig übersetzen
☐ Übersetzen allgemein
☐ Sachwissen

3. Wiederhole, was du dir als Schwerpunkt vorgenommen hast:

Wortschatz:
1. Lerne die Wörter.
2. Lass dich von Freunden/Eltern abfragen.

Grammatik:
1. Wiederhole die Formenbildung der Infinitive (Grammatik Lektion 43).
2. Notiere, welche Fragen du noch zur Thematik stellen möchtest.

Sachwissen
1. Lies den Informationstext »Publius Ovidius Naso«.
2. Recherchiere weitere Informationen zu Ovid, seinem Leben und seinen Werken. Präsentiere deine Erkenntnisse in einer passenden Form.

4. Wähle aus den Übungen zu Lektion 44 gezielt einige aus:

Kompetenz		**Buch**	**AH**	**Fördermaterial**
Wörter im Deutschen wiedergeben	**Übungen zur Auswahl**	3, 4, 5, 6	1	2
Infinitive/Formen erkennen + bilden		7, 8		1, 3, 4
nd-Formen erkennen + übersetzen			4	1
NcI im Satz erkennen		1, 10	2, 3	1, 5
NcI im richtigen ZV übersetzen		8, 10	2, 3	1, 5
Texte übersetzen		10	5	1, 5

5. Übe mit den ausgewählten Übungen.

Mein LERNBEGLEITER Lektion 45

1. Überprüfe, was du bisher gelernt hast (→ Diagnosebogen zu L 45).

2. Entscheide, was du besonders gründlich üben willst.

☐ Wortschatz Lektion 45
☐ Wortschatz früherer Lektionen
☐ Grammatik: Formen des Konjunktivs erkennen, bestimmen und bilden
☐ Grammatik: Formen der Infinitive erkennen und bilden
☐ Grammatik: Zeitverhältnisse im AcI/NcI erkennen und richtig übersetzen
☐ Übersetzen allgemein
☐ Sachwissen

3. Wiederhole, was du dir als Schwerpunkt vorgenommen hast:

Wortschatz:
1. Lerne die Wörter.
2. Lass dich von Freunden/Eltern abfragen.

Grammatik:
1. Wiederhole die Formenbildung des Konjunktivs (Grammatik Formentabellen)
2. Wiederhole die Bildung der Infinitive (Grammatik Lektion 43)
3. Notiere, welche Fragen du noch zur Thematik stellen möchtest.

Sachwissen
1. Lies den Informationstext »Werwölfe«.
2. Suche Beispiele für moderne und antike Werwolfgeschichten.
   Präsentiere deine Erkenntnisse in einer passenden Form.

4. Wähle aus den Übungen zu Lektion 45 gezielt einige aus:

Kompetenz	Übungen zur Auswahl	Buch	AH	Fördermaterial
Wörter im Deutschen wiedergeben		3, 4, 5, 6	1, 2	2
Konjunktiv/Formen erkennen + bilden				1, 3, 4
Infinitive/Formen erkennen + bilden		7		1, 5
AcI/NcI ZV richtig wiedergeben		1, 2, 8	3, 4	1, 5
Texte übersetzen		10	4	1, 5

5. Übe mit den ausgewählten Übungen.

Freiarbeit Lektion 33

Übung 1: Textarbeit am Lektionstext (stellenweise gekürzt)

1. Unterstreiche im Text alle Prädikate rot.

2. Bestimme diese nach Person, Numerus, Modus, Tempus, Genus verbi (z. B. *vendita sunt* = 3. Person Plural Indikativ Perfekt Passiv).

3. Markiere alle Prädikate, die im Konjunktiv stehen, in einer anderen Farbe und benenne die Funktion (Potentialis, Deliberativ, Hortativ/Konjunktiv im NS).

Cicero: Mortem patris vindicare et auctores caedis in crimen vocare paras.
Existimem te iam suspicionem habere?

Sextus: Ego ipse accusor.

Cicero: Num parricidii accusaris? Quis hoc credat?

Cicero: Res difficilis est! Quam ob rem ego patronus hanc causam suscipiam?
Sunt tot magni oratores tot nobiles viri, quibus aequus non sum.

Sextus: Aperte dicamus: Causa agitur a Chrysogono.

Cicero: Cur ergo aliquis committat, ut in crimen falsum involvatur?

Metella: Agitur de institutis rei publicae Romanae!

Form	Bestimmung	Funktion (nur der Konjunktive)

Übung 2: Wortschatz aktiv!

finis vitae: _ _ _ _

punire: _ _ _ _ _ _ _ _ _

non rectus: _ _ _ _ _ _

cives omnes: _ _ _ _ _ _ _

homo malus est: _ _ _ _ _ _ _ _

Gegenteil von ius: _ _ _ _ _ _ _

quod homini est datum: _ _ _ _ _ _ _ _

vir qui multa dicit: _ _ _ _ _ _

Übung 3: Formen bestimmen

Übertrage die Konjunktivformen in die Tabelle, nenne die Konjugation und Bedeutung.

dicamus – vendita sunt – credat – habere – agitur – teneat – accusent – defendit – committatis

Form	Infinitiv	Konjugation	Bedeutung

Übung 4

1. Setze das passende Prädikat ein.

2. Übersetze.

falsum est – tenet – agitur – veniam – credat – suscipiam – defendamus – accusatus est – suscipiamus

Roscius caedis ________ ________. Quis hoc ________? Crimen certe ________ ________. Nunc Chrysogonus bona ________. Cicero: »Ego causam – ? Fortasse ipse in suspicionem ________?« Metella: »Sed ________ de republica Romana. Causam ________! Roscium ________!«

____

____

____

____

Übung 5: Prozesse in Rom. Fülle die Lücken.

In einem römischen Prozess konnte praktisch jeder als Ankläger (________) auftreten und jemanden vor Gericht laden (________). Da es keine Staatsanwälte gab, genügte es, ein guter Redner (________) zu sein. Auch die Anwälte waren Privatleute, ihre Aufgabe war es, den Angeklagten (________) zu verteidigen (________). Die Römer hielten ihre Einrichtungen (________) in hohen Ehren – bedeuteten sie doch eine gewisse Sicherheit im Hinblick auf das Recht (________) und die Sicherung der Freiheit (________).

libertas – in crimen vocare – accusator – reus – orator – defendere – ius – instituta

Freiarbeit Lektion 34

Übung 1: Textarbeit am Lektionstext (stellenweise gekürzt)

1. Unterstreiche im Text alle Prädikate rot.

2. Markiere alle Prädikate, die im Konjunktiv stehen, in einer anderen Farbe und nenne die Funktion (Potentialis, Deliberativ, Hortativ, Optativ, Iussiv, Prohibitiv/Konj. im NS).

3. Unterstreiche alle Subjekte blau. Ist das Subjekt im Prädikat enthalten, kreise die PE ein.

»Utinam his temporibus iustitia vincat! Accusatores contendunt reum patrem necavisse.

Sed: Cur Roscius patrem necaret? Eo occiso Roscius omnia amisit!

Nam pater post mortem proscriptus est et bona eius arrepta sunt.

Potius quaeramus, cui bono scelus fuerit. Tres viri lucrum fecerunt: Chrysogonus, qui nunc possessiones habet, item Magnus et Capito, qui in gratia eius sunt.

Utinam pecunia contentus esses, Chrysogone! Nunc etiam vitam filii petis. Vita autem ei restet! Ne crudelitatem probaveritis, iudices! Neve permiseritis, ut humanitatem amittamus!«

Form	Bestimmung	Funktion (nur der Konjunktive)

Übung 2: Wortschatz aktiv!

1. Stelle alle lateinischen Wörter zusammen, die zum Sachfeld »Recht und Gesetz« passen.

2. Nutze die deutschen Begriffe als Hilfe oder decke diese ab.
Verbrechen - Besitz - Ankläger - Gerechtigkeit - Angeklagter - unschuldig - Richter - hingehen

3. Bilde kurze Sätze und lass einen Mitschüler übersetzen.

Begriffe	Sätze
§§	

Übung 3: Konjunktive

1. Nenne die Morpheme bzw. Bildungsregeln für die Bildung der Konjunktive.

Konjunktiv Präsens: ______

Konjunktiv Imperfekt: ______

Konjunktiv Perfekt: ______

Konjunktiv Plusquamperfekt: ______

2. Markiere bei den Formen jeweils das Morphem und sortiere nach Tempora.
dixisses - doceamus - probaretis - necaverim - accepisset - vincerent - timueris - accuset

Konj. Präsens	Konj. Imperfekt	Konj. Perfekt	Konj. Plusquamperfekt

Übung 4: Wenn das mal gut geht! - Vor dem Roscius-Prozess

Bilde sinnvolle Sätze und übersetze.

Ne Roscius	reo	parcant
Iustitia	Roscio	contenti fuissent
Accusatores	a Chrysogono	accusaretur
Vita	pecunia	vincat
Utinam iudices	omnibus temporibus	restet

a) ______

b) ______

c) ______

d) ______

e) ______

Übung 5: Gerichtssprache
Ordne die jeweils passenden deutschen und lateinischen Begriffe einander zu.

Geschworene	forensisch (von »forum«)
Einleitung einer Rede	peroratio
gerichtlich	praetor/prätor
Ächtung	iudices
Schlussplädoyer einer Rede	patronus
Prozessvorsitzender	accusator
Ankläger	proscriptio/Proskription
Verteidiger	exordium

Freiarbeit Lektion 35

Übung 1: Textarbeit am Lektionstext (stellenweise gekürzt).

1. **Unterstreiche im Text alle Prädikate rot.**
2. **Markiere alle Prädikate, die im Konjunktiv stehen, und nenne die Funktion (Potentialis, Deliberativ, Hortativ, Optativ, Iussiv, Prohibitiv/Konj. im NS). Unterscheide hiervon die Prädikate im Futur und trage alle in die Tabelle ein.**
3. **Markiere alle nd-Formen (Gerundium und Gerundiv) mit einem Textmarker. Schreibe die Formen in die Tabelle und fülle diese aus.**

»Iāsōn ā quōdam rēge Graecō missus est

ad pellem reperiendam atque pellis domum referendae causā!

Vae! Quid faciam? Numquam hoc accidat, ut pelle prīver!

Immō ipse audāciā hoc temptandī pereat!

Labōrēs ingentēs eī impōnam. Nūlla ratiōne Iāsōn vincet:

Neque fortiter pūgnandō neque arte vel dolō adhibendō mortem ēvītābit!

Occāsiō pellis aureae rapiendae nōn dabitur!«

Prädikat im Konjunktiv	Funktion	Prädikat im Futur

nd – Form	KNG – Bestimmung	Bezugswort (ggf.)

Übung 2: Wortschatz aktiv!
Umschreibe folgende Wörter a) auf Deutsch, b) auf Latein.
Die kursiv gesetzten Begriffe darfst du auf Deutsch nicht benutzen. Dein Partner errät die Begriffe.

ora *Strand, Meer, Urlaub*	temptare *probieren, (aus) testen, anfassen*	saeculum *Zeit, lange, Epoche*	aureus *Metall, Silber, wertvoll*	solum *Untergrund, Fuß, Erde*
instare *böse, schlecht, kommen*	vehemens *wild, aufbrausend, stark*	adducere *hinbringen, drängen, bitten*	pes *Körperteil, unten, gehen*	audacia *wagen, tapfer, Verwegenheit*

Übung 3: Gerundium und Gerundiv
Bilde sinnvolle Begriffspaare und übersetze diese. Es sind mehrere Lösungen möglich.

in pelle	rei gerendae
ars	dandos
occasio	comparanda
ad cibos	custodiendam
ad pellem	hospites adiuvandi
ratio	navis aedificandae

a)		
b)		
c)		
d)		
e)		
f)		

Übung 4: Zu allem bereit? Ordne die Aussagen den Personen zu. Dann übersetze sie.

IASON paratus[1] ad …	AIETES paratus ad …	ARGONAUTEN parati ad …
____________ Ü: ____________	____________ Ü: ____________	____________ Ü: ____________
____________ Ü: ____________	____________ Ü: ____________	____________ Ü: ____________
____________ Ü: ____________	____________ Ü: ____________	____________ Ü: ____________
____________ Ü: ____________	____________ Ü: ____________	____________ Ü: ____________

Iasonem occidendum – pellem reperiendam – fortiter pugnandum – Iasonem adiuvandum – Iasonem comitandum[2] – peregrinos[3] perdendum – mortem obeundam – dolum adhibendum – labores imponendum – navem aedificandam – officia Aietis gerenda – pericula in mari suscipienda

1 paratus, a, um: bereit – **2 comitari:** begleiten – **3 peregrinus:** Fremder

Übung 5: Alles klar? Teste dein Sachwissen.

Welches Wort stammt von *custodire* ab?

a) Küste	b) Kuss
c) Küster	d) Kumpel

Der fliegende Widder heißt

a) Chrysostomus	b) Chrysomallus
c) Chrysanthemus	d) Chrysopalus

Aietes ist König von

a) Korinth	b) Kolchis
c) Köln	d) Konstantinopel

Welches war keine Aufgabe für Jason?

a) einen Löwen töten	b) mit Kriegern kämpfen
c) einen Drachen überwinden	d) Stiere zähmen

Welches Tier erscheint nicht in Lektion 35?

a) Widder	b) Drache
c) Stier	d) Ziegenbock

Freiarbeit Lektion 36

Übung 1: Textarbeit am Lektionstext (stellenweise gekürzt)
1. Unterstreiche im Text alle Prädikate rot.
2. Unterstreiche die Subjekte blau. Ist das Subjekt im Prädikat enthalten, kreise die PE ein.
3. Markiere alle Formen des Komparativs und Superlativs.
4. Übertrage sie in die Tabelle und nenne jeweils das Bezugswort (entfällt bei Adverbien!).

Mēdēa haec sēcum volvit:

»Mē miserrimam atque īnfēlīcissimam!

Cūr iussa patris dūriōra esse crēdō quam umquam fuerint?

Cūr timeō, nē pereat iuvenis, quem recentissimē vīdī?

Sī imāginem eius pectore pellere possem, ego fēlīcior essem!

Vae! Vulnere graviōre affecta sum!

Quid faciam? Iāsonem arte magicā adhibendā adiuvem?

Quam turpiter agerēs, Mēdēa!

Sed pater turpius agit mē!

Nōnne tē amor familiae et patriae permovet?

Age turpissimē – et exiliō damnāberis!

Sīc scrīptum est in lēgibus! Domī manēre diūtius nōn poteris.«

Steigerungsform	Komparativ oder Superlativ?	KNG	Bezugswort

Übung 2: Wortschatz aktiv! Nenne das Gegenteil.

domi → in _ _ _ _ _ _ amor → _ _ _ _ _

abire → _ _ _ _ _ _ aequus/par → _ _ _ _ _ _ _ _

vetus → _ _ _ _ _ _ infelix → _ _ _ _ _

legere → _ _ _ _ _ _ _ _ libenter → _ _ _ _ _ _ _

Übung 3: Steigerungsformen sicher erkennen

1. Wiederhole die Kennzeichen.

a) Komparativ: Stamm + ______________________ + Endungen der ___________ -Deklination

b) Superlativ: Stamm + ______________________ + Endungen der ___________ -Deklination

2. Entscheide und kreuze an, welche Steigerungsform vorliegt.

	Positiv	Komparativ	Superlativ
tristissima			
innocentis			
pulchrioribus			
fidius			
fidus			
peiorum			
sapientes			
acerrimos			
carius			

Übung 4: gut – besser – am besten!

1. Nenne das lateinische Ursprungswort.

2. Bilde von diesem die weiteren Steigerungsformen.

Fremdwort	lat. Positiv	lat. Komparativ	lat. Superlativ
Optimist			
maximal			
vehement			
Minorität			
Misere			
diffizil			
Diversität			

Übung 5: Steigerungsformen sicher übersetzen

a) Drei unterschiedlich große Häuser		
Domus magna est.	Domus maior est.	Domus maxima est.
b) Ein Stier ist …	Ein Krieger ist …	Der Drache ist …
periculum acre	periculum acrius	periculum acerrimum
c) Drei Steine unterschiedlicher Größe		
Lapis gravis	Lapis gravior	Lapis gravissimus
d) Drei Gruppen von Menschen		
Multi homines	Plures homines	Plurimi homines

Übung 6: Gut orientiert!

Markiere die Orte aus der Jason-Geschichte auf der Karte. Benutze deinen Atlas.
KOLCHIS – HELLESPONT – IOLKOS – GRIECHENLAND – KORINTH – THESSALIEN

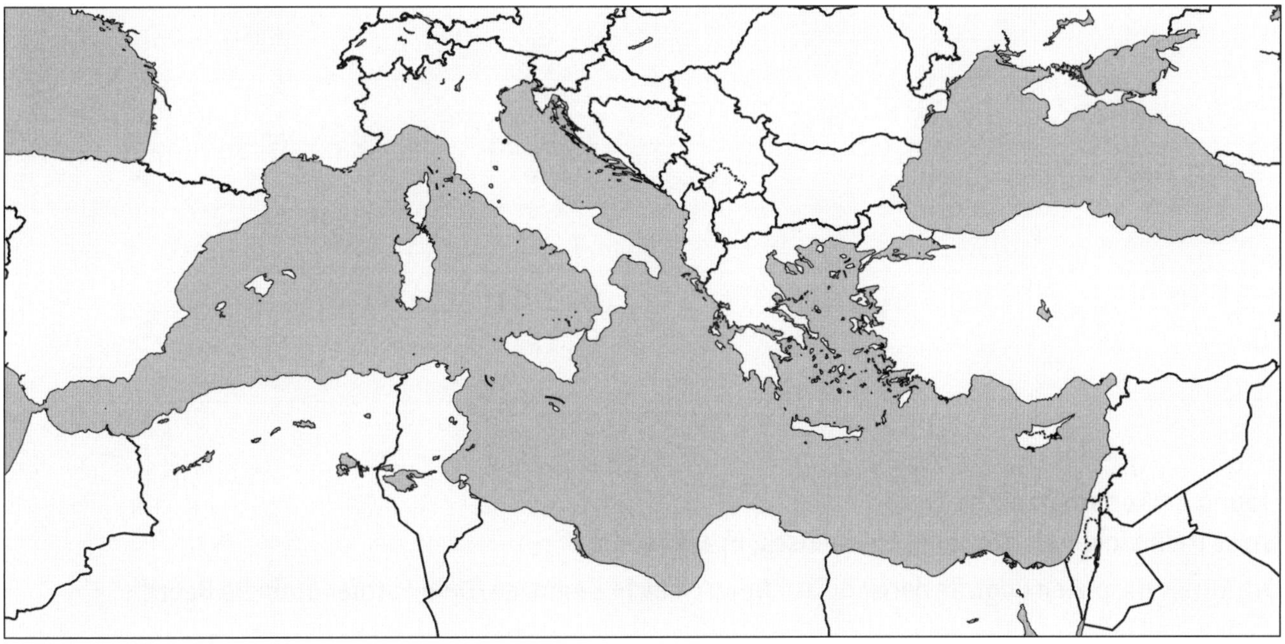

Freiarbeit Lektion 37

Übung 1: Textarbeit am Lektionstext (stellenweise gekürzt)
1. Unterstreiche im Text alle Prädikate rot.
2. Übertrage die *nd*-Formen in die Tabelle und nenne das jeweilige Bezugswort.
3. Kreise den dazugehörigen *Dativus auctoris* ein (wenn vorhanden).

Nero: »Fīde Anīcēte! Tē auxilium rogō. Prīmō autem tibī iūrandum est, ut silentium servēs.

Aliquis mihī clam caedendus est.«

Anīcētus: »Nesciō, quōmodō venēnum misceātur; multī ferrō plūs valent.«

Nero: »Tālia adhibenda nōn sunt.«

Anīcētus: »Nāvis nōbīs compōnenda est, cuius media pars in aequore solvī et effundī potest. Quis enim adeō inīquus est, ut scelerī adscrībat, quod ventīs et flūctibus tribuendum est?

Ō pater patriae, sinās mē hoc ūnum intellegere: Quis est occīdendus?«

Nero: »Occīdenda«. Anīcētus: »Num fēmina est???«

Nero: »Fēmina … familiāris. Est … māter mea.«

nd – Form	KNG – Bestimmung	Bezugswort

Übung 2: Wortschatz aktiv!
Umschreibe folgende Wörter a) auf Deutsch, b) auf Latein.
Die kursiv gesetzten Begriffe darfst du auf Deutsch nicht benutzen. Dein Partner errät die Begriffe.

venenum *tödlich, mischen, Mord*	miscere *Shake, vermengen, Küchenmaschine*	parvus, a, um *groß, mini, Kind*	fluctus *Wasser, Meer, surfen*	imperare *König, Feldherr, anordnen*
perficere *durchführen, ganz und gar, machen*	ventus *Sturm, Orkan, wehen*	magni aestimare *Wert, Anerkennung, Respekt*	prope *fern, weg, Distanz*	voluntas *Wunsch, durchsetzen, erreichen*

Übung 3: nd-Formen sicher erkennen

1. Setze die folgenden Begriffe ein: adjektivisch – Präsens – nd – o/a – substantivisch

nd-Form

abgeleitet vom ______________________-Stamm

+ __________________ + Endungen der __________________-Deklination

Gerundium Gerundiv

______________________ ______________________

Beachte: Verwechsle nicht Gerundium/Gerundiv mit dem PPA. Dieses wird gebildet mit dem Präsensstamm + -nt und den Endungen der gemischten Deklination.

2. Unterstreiche die nd-Formen.

adhibenda – clementia – occidendi – docui – puniendo – puniente – crescens – credenda – timentium – timendum – caedendus – caesus – occidenta – occidenda – veniendis – ventis – venientis

Übung 4: Das Gerundiv mit *esse* richtig übersetzen

Übersetze die Sätze. Beachte die KNG-Kongruenz zum Subjekt und das Tempus.

a) Consilia bona regi adhibenda sunt.

____

b) Imperatori malo populus timendus est.

____

c) Dei hominibus laudandi sunt.

____

d) Humanitas magni aestimanda est.

____

Übung 5: »Qualis artifex pereo!« – Kaiser oder Künstler?
Ordne die Ereignisse aus Neros Leben in der chronologisch richtigen Reihenfolge.

Ermordung Agrippinas – Geburt Neros – Verbannung durch Kaiser Caligula – Tod des Burrus – Aufhebung der Verbannung durch Kaiser Claudius – Tod von Neros Vater – Nero wird Kaiser – Seneca wird Erzieher Neros – Brand Roms – Tod Neros

Jahr n. Chr.

37 ______________________________

39 ______________________________

40 ______________________________

41 ______________________________

49 ______________________________

54 ______________________________

59 ______________________________

62 ______________________________

64 ______________________________

68 ______________________________

Freiarbeit Lektion 38

Übung 1: Textarbeit am Lektionstext (stellenweise gekürzt)

1. Unterstreiche im Text alle Prädikate rot.

2. Bestimme diese nach Person, Numerus, Modus und Tempus.

3. Markiere alle Deponentien im Text.

4. Markiere den Abl. abs. (1) und die PCs (4) mit einer Klammer.

Seneca cum familiāribus breviter locūtus est:

»Amīcī, quoniam prohibeor, nē beneficiīs vestrīs grātiam referam, saltem exemplum vītae meae vobis relinquam.

Quod secūtī frūctum amīcitiae cōnservābitis.

Num aliud superest post mātrem frātremque interfectōs, nisī ut etiam mihī moriendum sit?

Hortor vōs, nē maestī fīātis. Patiāmur dolōrēs!«

Hīs verbīs dictīs uxōrem amātam complectitur. Eī persuādet ē cubiculō ēgredi.

Tum ferrō vēnās aperit mortem facilem exspectāns. Etiam venēnō ūtitur.

Postrēmō Seneca occidit.

Form	**Bestimmung**	**Deponens?** (bitte ankreuzen)

Übung 2: Wortschatz aktiv!
Stelle lateinische Wörter zum Sachfeld »zwischenmenschliche Beziehungen« in einer Mindmap zusammen. Nutze die deutschen Begriffe als Hilfe oder decke diese ab.
Kommunikation - Gefühlswelt - Vorbilder - Handeln mit- und gegeneinander

Übung 3: Deponentien sicher erkennen
Um Deponentien zweifelsfrei identifizieren zu können, musst du die Stammformen beherrschen.
Übertrage die Formen, die von einem Deponens stammen, in die Tabelle und bilde die Formenreihe.
appetunt – est – sequebatur – utar – imperas – morimini – edita sunt – locuti sunt – funditis – hortatus esset – egrederemini – exspectans – conservabitis – patiamur

Verbform	**Infinitiv Präsens**	**1. Person Sg. Präsens**	**1. Person Sg. Perfekt**

Übung 4: Deponentien – Formengenerator
Bilde korrekte Formen der Tempora im Präsensstamm und lass deinen Partner übersetzen.

Wortstamm	ggf. Sprechvokal	Tempuszeichen	Personalendung
loqu - pati - ut - horta - complect - egredi -	 e i u	 a/e bo/bi/bu ba	or/r ris tur mur mini ntur

Form	Tempus	Übersetzung

Übung 5: Antike Philosophie. Teste dein Sachwissen.

Welcher Mann gründete die *erste* Philosophenschule?

a) Zenon	b) Sokrates
c) Platon	d) Aristoteles

Welche Schule begründete die LOGIK?

a) der Kepos	b) die Akademie
c) die Stoa	d) der Peripathos

»Philosophie« bedeutet

a) Liebe zu den Menschen	b) Liebe zur Weisheit
c) Liebe zum Universum	d) Liebe zur Wissenschaft

Welcher berühmte Herrscher war Schüler eines Stoikers?

a) Alexander der Große	b) Hägar der Schreckliche
c) Kaiser Nero	d) Epikur von Samos

Welche Empfindung muss nach Epikur besonders bekämpft werden?

a) Vernunft	b) Neugier
c) Glück	d) Todesfurcht

Freiarbeit Lektion 39

Übung 1: Textarbeit am Lektionstext (stellenweise gekürzt)
1. Unterstreiche im Text alle Prädikate rot.
2. Markiere die Prädikate, die im Futur stehen. Unterscheide zwischen Fut. I und Fut. II.
3. Markiere die PCs (3) mit einer Klammer. Bestimme jeweils das Zeitverhältnis.

Philolaches ā Trāniōne, servō callidō, incitātus dīvitiās patris cōnsūmere coepit:
Amīcae suae, quae erat ancilla, lībertātem dōnāvit; epulās cum duōbus comitibus fēcit. Ōstium aedium semper apertum esse vidēbātur omnibus adulescentibus.

Gerade ist bekannt geworden, dass Theopropides von seiner langen Reise zurückkehren wird.

Philolachēs: »Sī pater adveniēns mē miserum hīc offenderit ēbrium et aedēs plēnās convīvārum et mulierum, haud minimē īrāscētur. – Quid faciam?«
Trāniō: »Iubē haec omnia hinc āmolīri!
Habē bonum animum! Nōn est, cūr vereāris! Egō senī dīvitī dabō verba! Iam dolō ūtar: Claudite ōstium aedium et cavēte, nē verbum extrā audiātur, ut nēmō domī esse videātur.«
Philolachēs: »Et egō? Ubī egō erō?«
Trāniō: »Hīs in aedibus, cum convīvīs. Dolō meō territus pater tuus aedēs nōn intrābit.
Vōbīs autem nōn licēbit ōstium aperīre vel respondēre, cum senex pultāverit et clāmāverit! Egō forās ībō et senem exspectābō!«

Übung 2: Wortschatz aktiv!
1. Stelle möglichst viele (neue) lateinische Wörter zusammen, die zum Bild passen.
2. Bilde kurze lateinische Sätze und lass einen Mitschüler übersetzen.

Übung 3: Futur II - Formen sicher erkennen

Unterstreiche alle Formen, die Futur II sein können. Markiere das Tempuszeichen.

audiebat – audiverit – audiverat

erunt – fuerunt – fuerint

profectus erit – profectus est – profectus sit

debebunt – debuerunt – debuerint

offenderim – offendero – offendo

reverterimus – reverteremus – revertimus

donavit – donabit – donaverit

iratus esses – iratus eris – iratus sis

Übung 4: Morpheme und Tempora

1. Nenne die Bildungsregeln und bilde jeweils die Formen.

Bildungsregeln AKTIV:

1 Konjunktiv Perfekt: ______________ -Stamm + ______________ + PE

2 Indikativ Plusquamperfekt: ______________ -Stamm + ______________ + PE

3 Konjunktiv Plusquamperfekt: ______________ -Stamm + ______________ + PE

4 Indikativ Futur II: ______________ -Stamm + ______________ + PE

audit 1 __________ 2 __________ 3 __________ 4 __________

manent 1 __________ 2 __________ 3 __________ 4 __________

parcis 1 __________ 2 __________ 3 __________ 4 __________

2. Bilde den Querschnitt
Trage dazu alle Tempora des Verbs in derselben Personalform in die Tabelle ein.

	Aktiv		Passiv	
	Indikativ	**Konjunktiv**	**Indikativ**	**Konjunktiv**
Präsens	intrat			
Imperfekt				
Futur I				
Perfekt				
Plusquamperfekt				
Futur II				

Übung 5: Satzsalat

Sortiere in der chronologisch richtigen Reihenfolge; die Teilsätze musst du richtig zusammenfügen. Übersetze dann.

Philolaches valde timuit: – Theopropides aedes non intrabit. – Sed Tranio consilium callidum cepit: – Theopropides irascetur. – Si me viderit ebrium … – Theopropidem revertisse nuntiatum erat. – Si dolo meo territus erit, …

a) ______________________________

____

b) ______________________________

____

c) ______________________________

____

d) ______________________________

____

e) ______________________________

____

Übung 6: Tragödie und Komödie. Teste dein Sachwissen.

Plautus – Tragödie – Komödie – Mythologie – Griechenland – Alltag – Römern- Charakter – 3. Jhd. v. Chr.

Das antike Theater hat seine Wurzeln in ______________. Man unterscheidet zwischen der ______________ (eigentlich »Bocksgesang«), die aus dem Kult des Gottes Dionysos hervorgegangen ist, und der ______________ : Ein κῶμος war ursprünglich ein Umzug, ebenfalls beim Fest des Dionysos. Die neue attische Komödie ist nicht mehr in der ______________ verwurzelt, sondern zeichnet den ______________ und ______________ der Menschen nach. Sie wurde im ______________ auch von den ______________ übernommen. Ein berühmter Dichter der Komödie war ______________.

Freiarbeit Lektion 40

Übung 1: Textarbeit am Zweittext (stellenweise gekürzt und verändert)

1. Unterstreiche im Text alle Prädikate rot.

2. Markiere alle Verbformen, die von *velle, nolle* oder *malle* stammen.

3. Bestimme bei diesen jeweils die Form.

Danīsta: »Salvē! Quid est dē argentō? Reddētur-ne aes aliēnum?«

Tranio: »St! Nōlī tantoperē clāmāre! Reddētur. Nunc autem te abīre malo.«

Danīsta: »Dominus tuus mē pauperem fēcit! Haud abeam, antequam aes alienum reddatur.«

Theopropides (zu seinem Sklaven Tranio): »Quid ille vult? Quid est dē aere aliēnō?«

Tranio: »Est – … huic dēbet Philolachēs paullulum … quadrāgintā minās …«

Theopropides: »Quadrāgintā minās!«

Danīsta: »Quadrāgintā et quattuor minās!«

Theopropides: »Dīc mihī! Quid factum est dē argentō?«

Tranio: »Aedēs novās fīlius tuus ēmere volebat! Itaque eī opus erat quadrāgintā minīs.«

Theopropides: »Aedēs novās? Bene, hercle, fēcit! Nunc ego aedes novas spectare volo!«

Form	Bestimmung

Übung 2: Wortschatz aktiv!
Nenne das gesuchte Wort und seine Bedeutung.

Qui mortuus non est, est _ _ _ _ _ . ____________________

Annus habet 12 _ _ _ _ _ _ . ____________________

Media nocte habeo _ _ _ _ _ _ _ . ____________________

Qui dives non est, est _ _ _ _ _ _ ____________________

mori = _ _ _ _ _ _ _ _ ____________________

credere = _ _ _ _ _ _ _ ____________________

porta = _ _ _ _ _ / _ _ _ _ _ ____________________

Übung 3: *velle, nolle, malle* - Formen sicher erkennen
Sortiere die Formen in die Tabelle ein.

volumus – noluisset – maluerint (2) – noluerunt – malimus – nolebant – non vultis – noluerit (2) – malles – maluissetis – malebam – volueramus – volam – vellent – velim – voluisti – nolueratis – males

	Indikativ	Konjunktiv
Präsens		
Imperfekt		
Futur I		
Perfekt		
Plusquamperfekt		
Futur II		

Übung 4: Im Theater - nicht nur der Kunst wegen ...
Setze das passende Prädikat ein. Dann übersetze.

nolite – malint – velis – voluerunt – volunt – noluerunt – volueritis – volebat

Ovidius[1] poeta iuvenes Romanos docere ____________. Qui, si puellam convenire ____________, parentes adesse ____________. Ovidius: »____________ ire in forum aut in loca publica. Il, qui puellam convenire ____________, in theatrum ire ____________. Ibi enim amicam tangetis, quam tenere ____________. Labora[2] reperire, quod amare ____________!«

1 Ovidius: Ovid (röm. Dichter) – **2 laborare:** hier: sich bemühen

____

____

____

____

____

____

Übung 5: Epigramme von Martial

Der römische Dichter Martial machte sich –wie Plautus – gern über seine Mitmenschen lustig. Übersetze seine Epigramme.

Basia das aliis, aliis das, Postume, dextram.
Dicis: »Utrum mavis? Elige!« Malo manum.

____

____

Nil recitas et vis, Mamerce, poeta videri.
Quidquid vis, esto[1], dummodo nil recites.

____

____

Qualem[2], Flacce, velim, quaeris, nolimve puellam?
Nolo nimis facilem difficilemque nimis.
Illud, quod medium est atque inter utrumque, probamus.
Nec volo, quod cruciat[3], nec volo, quod satiat.

____

____

____

____

1 esto: (Imperativ der 3. Pers. zu *esse*) so sei es – **2 qualem:** *(zu puellam)* was für ein – **3 cruciare:** quälen

Übung 6: Wahr oder falsch?
Kreuze an.

	wahr	**falsch**
Tote, die nicht beerdigt werden, spuken als Geister umher.	☐	☐
Sie können aber den Unterweltsfluss Acheron überqueren.	☐	☐
Mit einer Münze im Mund sollte der Fährmann Charon bezahlt werden.	☐	☐
Römische Friedhöfe befinden sich innerhalb der Stadt.	☐	☐
Die Totenfeier findet abends statt. Der Verstorbene geht ins Totenreich über.	☐	☐
Tote wurden in Rom beerdigt oder verbrannt.	☐	☐
De mortuis nil nisi bene = Über Tote soll man nur Gutes sagen.	☐	☐

Freiarbeit Lektion 41

Übung 1: Textarbeit am Lektionstext (stellenweise gekürzt)

1. **Unterstreiche alle Prädikate rot und alle Subjekte blau. Ist das Subjekt im Prädikat enthalten, kreise die PE ein.**
2. **Markiere mit einem Marker alle Zahlwörter. Notiere zu den Ordinalzahlen die jeweilige Kardinalzahl (der zehnte. → zehn). Wähle eine Zahl aus Zeile 2 aus und dekliniere diese schriftlich.**

Theopropides: »Sex mēnsēs iam hīc nēmō habitat.«

Servus: »Somniās! Nam dominus noster herī et nudius tertius, quārtus, quīntus, sextus, ūsque ad diem, postquam pater Philolachētis hinc abiit, hīc pōtātum fuit.«

Theopropides: »Quid dīcis?«

Servus: »Philolachēs hīc habitat et amīcam nūper trīgintā minīs līberāvit.«

Theopropides: »Et illam domum ēmit quadrāgintā minīs?!«

Servus: »Minimē! Immō suum patrem ille perdidit. Nihil hoc quidem est, trīgintā minae, prae quam aliōs sūmptūs facit.«

Theopropides: »Vae mihī! Periī!«

Ordinalzahl	Bedeutung	Kardinalzahl

Deklination einer Zahl aus Zeile 2 des obigen Textes.

Singular			Plural		
Maskulinum	**Femininum**	**Neutrum**	**Maskulinum**	**Femininum**	**Neutrum**

Übung 2: Wortschatz aktiv!
Umschreibe folgende Wörter a)auf Deutsch, b) auf Latein.

Die kursiv gesetzten Begriffe darfst du auf Deutsch nicht benutzen. Dein Partner errät die Begriffe.

sumptus *Geld, Verbrauch*	recusare *zurückweisen, nicht wollen*	inspicere *schauen, betrachten, Inspektion*	vicinus *Haus, Garten, Zaun*	impune *Rache, Buße, Vergehen*
clemens *böse, streng, freundlich*	renovare *Wohnung, Tapete, alt*	testis *Gericht, Alibi, Aussage*	istic *da, hier, entfernt*	amica *Freund, Mädchen, beste*

Übung 3: Im Wortgitter finden sich 11 Zahlwörter. Markiere und übersetze sie.

D	U	L	P	R	V	E	V	I	M	Lösungen:
O	I	Q	U	A	R	T	U	S	D	______
C	R	U	C	I	T	R	T	E	R	______
T	R	I	A	P	E	I	S	P	T	______
O	C	N	U	N	S	G	I	T	O	______
G	A	D	U	O	R	I	S	E	X	______
I	N	E	T	V	A	N	E	M	A	______
N	O	C	C	E	N	T	U	M	S	______
T	R	I	E	M	I	A	G	R	F	______
A	D	M	I	L	L	E	S	R	D	______
P	L	E	B	I	S	D	B	A	T	______
W	G	T	I	M	D	E	M	C	R	______

Übung 4: Zahlen und Ziffern
Schreibe in römischen und in arabischen Zahlen.

undecim		
nonaginta quattuor		
duo milia sedecim		
trecenti sexaginta quinque		
duo-de-septuaginta		
nongenti nonaginta novem		

Übung 5:
Ordne die Ziffern und Sätze den Ziffern zu und übersetze.

Re vera non plus quam ______________________ una ab eo scripta sunt.

Plautus ______________________ a. Chr. n. anno natus est.

______________________ a. Chr. n. anno de vita decessit.

Iuvenis ______________________ annorum theatrum adiit, **histrio**[1] factus est.

De Plaute ______________________ comoedias notum sunt:

______________________ annos natus comoediam primam scripsit.

1 histrio: Schauspieler

vigintorum – Centesimo octogesimo quarto – centum triginta – viginti –
Quadraginta quinque – ducentesimo quinquagesimo quarto

____

____

____

____

____

____

Übung 6: Antikes Theater. Teste dein Sachwissen.

Welcher Autor war ein römischer Komödiendichter?

a) Aristoteles	b) Tacitus
c) Aristophanes	d) Plautus

Römische Autoren bezogen ihre Stoffe/Themen aus ?

a) Griechenland	b) Karthago
c) Persien	d) Gallien

Welche Person kam **nicht** in der Komödie vor?

a) der pfiffige Sklave	b) der geizige Alte
c) der grausame Tyrann	d) der missratene Sohn

Was gehört **nicht** zur Architektur eines römischen Theaters?

a) Zuschauerblöcke	b) Lautsprecheranlage
c) Bühnenvorhang	d) Hebemechanismus

Die Komödie »Mostellaria« spielt in …?

a) Sparta	b) Rom
c) Neapel	d) Athen

Freiarbeit Lektion 42

Übung 1: Textarbeit am Lektionstext (stellenweise gekürzt)

1. **Unterstreiche im Text alle Prädikate rot und alle Subjekte blau. Ist das Subjekt im Prädikat enthalten, kreise die PE ein. Bestimme die Prädikate nach Tempus und Genus Verbi (Aktiv/Passiv).**
2. **Markiere alle satzwertigen Konstruktionen (PC (3), Abl. abs. (1), AcI (2) mit einer Klammer und nenne jeweils das Zeitverhältnis.**

Marīna virgō ūnica nāta erat patrī suō. Pater autem, cum sibī fīlium dēsīderāvisset, mūtāvit habitum fīliae suae, ut nōn virgō, sed iuvenis esse vidērētur. Cum eā monastērium quoddam adiit rogātūrus, ut abbās et frātres ›fīlium suum ūnicum‹ reciperent. Quibus eius precibus annuentibus monacus factus et frāter Marīnus appellatus est.

Am Lebensende von Marina erwartet die Mitbrüder eine Überraschung:

Monacī autem corpus eius in vīlī locō conditūrī, cum lavārent mulierem ipsum esse vīdērunt. Perterritī sē in Deī famulam plūrimum peccāvisse fatentur. Corpus igitur eius in ecclēsiā honōrificentissimē pōnunt. Ad cuius sepulchrum populī undique conveniunt et multa mīrācula ibī fiunt.

Form	**Tempus**	**Genus Verbi (Aktiv/Passiv?!)** → entfällt bei den Deponentien

Übung 2: Wortschatz aktiv!
Benenne jeweils das Gegenteil (lateinisch und deutsch).

selten → _ _ _ _ _ _ _ _ ______________

Ungeduld → _ _ _ _ _ _ _ _ _ ______________

alles richtig machen → _ _ _ _ _ _ _ ______________

gottlos → _ _ _ _ _ _ _ _ _ _ ______________

mit Erfolg → _ _ _ _ _ _ _ ______________

leugnen → _ _ _ _ _ _ ______________

einladen, hereinbitten → _ _ _ _ _ _ ______________

Übung 3: Partizip Futur Aktiv
1. Nenne die Bildungsregel:

Man nehme das _ _ _ eines Verbs und füge vor der Endung die Silbe ________ ein.

Die Endungen gehören zur __ /__ -Deklination.

Also: *mittere* → *missum* → *miss* – ur – *um*

2. Bilde selbst das PFA zu:

dicere → ______________ → ______________

vocare → ______________ → ______________

suscipere → ______________ → ______________

fateri → ______________ → ______________

Übung 4: PFA und Substantiv
Ordne zu und übersetze.

Substantiv	Partizip	Übersetzung
parentes	Marinam interrogaturus	
monachi	vitam religiosam gestura	
abbas	»flagitium« peccatura	
Marina	ad monasterium profecturi	
virgo	corpus Marinae condituri	

Übung 5: Falsche Reue?! Nach Caesarius von Heisterbach

1. Schneide zunächst entlang der Schnittlinien Schlitze in diesen Bogen. Schiebe dann die »Partizip-Streifen« von hinten durch die Schlitze und übersetze die jeweils dabei entstehenden Sätze. Achtung: Für jeden Satz gibt es einen eigenen Streifen.

✂- - - - - - - - - - - - - - - - - -

1. Duo mercatores monasterium adierunt.

✂- - - - - - - - - - - - - - - - - -

✂- - - - - - - - - - - - - - - - - -

2. Abbas (Abt) diu deliberabat.

✂- - - - - - - - - - - - - - - - - -

✂- - - - - - - - - - - - - - - - - -

3. Communio[1] monacorum poenam duram proposuit.

✂- - - - - - - - - - - - - - - - - -

1 communio: Gemeinschaft

2. Schneide die Streifen entlang der Schnittlinien aus und schiebe sie so durch die entsprechenden Schlitze (s. 5.1), dass immer neue Sätze entstehen.

(für Satz 1)	(für Satz 2)	(für Satz 3)
cum abbate locuturi (Abt)	peccatores auditus (Sünder)	ab abbate interrogata (Abt)
facta iniqua fassuri (Taten)	cum peccatoribus locutus	abbatem adiutura
veniam ab abbate petituri (Abt)	cum clementia acturus (Milde)	rationem recte vivendi demon-stratura
etiam monacos decepturi (täuschen/betrügen)	veniam daturus	mercatoribus non credens
lucrum iniquum facturi	mercatores docturus	peccatores punitura (Sünder)
	falsam mentem mercatorum non sentiens	

Freiarbeit Lektion 43

Übung 1: Textarbeit am Lektionstext (stellenweise gekürzt)
1. Schreibe aus dem Text alle Zeitangaben heraus (Adverbien und adverbiale Bestimmungen).
2. Markiere die Einleitung aller Gliedsätze aus dem Text, indem du sie einkreist.
3. Markiere alle PCs (3), Abl abs. (1) und AcIs (3) mit einer Klammer. Nenne jeweils das Zeitverhältnis.

Thurkillus sē iam in lēctum recēperat atque membra somnō dederat, cum sānctus Iūliānus vēnit dīcēns: »Tempus est, ut iam prōgrediāmur.« Tum dīxit sē cum Thurkillī animā ad īnferna rēgna abitūrum esse, sed corpus eius remānsūrum esse: »Quiēscat interim corpus tuum.« – Sīc ambō profectī sunt.
Proximō autem diē uxor Thurkillī et necessāriī prīmō frūstrā expertī sunt, sī Thurkillus excitārī posset. Vesperī aquam benedictam in eius ōs iniēcērunt. Quō factō ille surgit et super lectum cōnsīdit dīcēns:
Thurkillus gibt einen Bericht seiner nächtlichen Reise, bis er zu einer Waage gelangt.
»Socius meus mē docuit Paulum animās mortuōrum advenientēs in lībrā positūrum esse,
ut vidēret, utrum dignae essent pūrgātōriō an gehennā.«

Zeitangabe	Bedeutung

Übung 2: Wortschatz aktiv!

1. Stelle lateinische Wörter zum Sachfeld »Himmel und Hölle« zusammen.

2. Bilde kurze Sätze und lass einen Mitschüler übersetzen.

Übung 3: PFA – oder nicht?

Unterstreiche alle Formen, die Partizip Futur Aktiv sind.

purgatorium – futurum – utrum – liberatus – missurus – lectum – lecturum – ponderum – profecti – spectaturos – spectatores – profecturi

Übung 4: Stammformen

Bilde die Stammformen und das PFA zu folgenden Verben:

cogere – cogo – coegi – coactum – coacturum

accedere				
deferre				
sentire				
mutare				
videre				
habere				
deponere				

Übung 5: Bilde sinnvolle Sätze und übersetze.

Subjekt	AcI	Prädikat
a) Sanctus Iulianus	mulierem suam familiam bene curaturam esse	promisit.
b) Thurkillus	corpus incolume remansurum esse	credidit.
c) Sanctus Iulianus	Iulianum se bene ducturum esse	dixit.
d) Thurkillus	se spem in deo posituros esse	sperabat.
e) Tandem ambo	se cum Thurkillo ad inferos abiturum esse	constituerunt.

a) ____

____

b) ____

____

c) ____

____

d) ____

____

e) ____

____

Übung 6: Nach dem Tod
Fülle die Lücken.

Schwert – Fegefeuer – Teufel (2x) – Verstorbenen – Buße – leicht – Waage – unterirdisches – Hölle – Guten – Michael

Nach mittelalterlicher Vorstellung gelangen die Seelen der ____________ zunächst in ein ____________ Reich. Dieses durchwandert man in verschiedenen Stationen. Schließlich werden die Seelen mit einer ____________ gewogen. Dabei bewachen der heilige ____________ – er kämpft mit seinem ____________ um die Seelen – und der ____________ beide Waagschalen. Ist die Seele zu ____________, gehört sie dem ____________ und landet in der ____________. Die Seelen der ____________ gelangen nach einer reinigenden ____________ im ____________ in den Himmel.

Freiarbeit Lektion 44

Übung 1: Textarbeit am Lektionstext (stellenweise gekürzt und verändert)
1. Unterstreiche alle Prädikate rot und bestimme ihre Form.
2. Markiere alle AcIs (2) und NcIs (3) durch Unterstreichen.

Homines mali etiam crudeles esse dicebantur. Quam infamiam falsam esse cupiēns summō Olympō relictō dē caelō dēscendī. Deus quidem esse nōn vidēbar – sub imāgine hūmānā terrās lūstrābam.

Longum est nārrāre, quantum crīminis sit ubīque repertum.

Nocte tandem, dē tertiā vigiliā, sēdem et inhospita tēcta Lycāonis, tyrannī Arcadis, ingressus sum. Postquam sīgna dedī deum vēnisse, vulgus precārī coepit: Irridet prīmō pia vōta Lycāōn, deinde ait:

»Cur istum aliēnum quasi deum colitis? Egō certē experiar, quālis sit ille – deus an mortālis.«

Lykaon ereilt sofort die Strafe für sein frevlerisches, respektloses Verhalten:

In villōs vestēs, in crūra lacertī mūtārī spectantur. Etsī Lycāōn vestīgia veteris fōrmae servat, etsī violentia vultūs eadem est, etsī īdem oculī lūcent,

etsī imāgō furōris eadem est, ille nōn iam homō est – fit lupus!

Prädikat	Formenbestimmung	NcI – Auslöser: ja!	NcI – Auslöser: nein

Übung 2: Wortschatz aktiv!
Umschreibe folgende Wörter a) auf Deutsch, b) auf Latein.
Die kursiv gesetzten Begriffe darfst du auf Deutsch nicht benutzen. Dein Partner errät die Begriffe.

mensa *Stuhl, essen, Wohnzimmer*	humanus *Mensch, zivilisiert, dumm*	conari *ausprobieren, testen, Glück*	vestigium *Tier, Detektiv, verfolgen*	subicere *besiegen, beherrschen, Krieg*
minor *weniger, groß, Zwerg*	tyrannus *Herrscher, böse*	providere *sich kümmern, Prophet, Ahnung*	idem *gleich, genauso, ein und …*	circum *Zirkus, Arena, außen*

Übung 3: Regeln wiederholen
Notiere die Bildungsregeln für die Infinitive. Schlage ggf. in der Grammatik nach in den Lektionen 14, 25, 26, 43.

Infinitiv Präsens Aktiv: ________________ – Stamm + Endung – ________________.

Infinitiv Präsens Passiv: ________________ – Stamm + Endung – __________/__________.

Infinitiv Perfekt Aktiv: ________________ – Stamm + Endung – ________________.

Infinitiv Perfekt Passiv: __ __ __ + ________________.

Infinitiv Futur Aktiv: __ __ __ + ________________.

Übung 4: Infinitive erkennen und bilden.
1. Welcher Infinitiv ist es? Kreuze an.
2. Bilde die fehlenden Formen auf Latein.

Verbform	Präsens Aktiv	Präsens Passiv	Perfekt Aktiv	Perfekt Passiv
perdere				
cupi				
excitari				
terrere				
subiecisse				
positum esse				

Übung 5: Wolf und Lamm – Eine Fabel von Phaedrus
Markiere Subjekt und Infinitiv im NcI und übersetze.

a) Lupus iam semper bestia crudelis esse putabatur.

____

b) Agnus[1] autem animal innocens esse auditur.

____

c) Aliquando agnus aquam bibere cupivisse narratur.

____

d) Lupus ad eundem flumen venisse traditur.

____

e) Lupus et agnus de aqua certavisse feruntur; (lupus agnum criminis falsi accusavit).

____

____

f) Postremo lupus agnum crudeliter necavisse dicitur.

____

1 **agnus,** i *m.*: Lamm

Übung 6: Publius Ovidius Naso
Fülle die Lücken.

Metamorphosen – Rumänien – Verbannung – lebte – Tomis – römischer – Weltstadt – Augustus – Verwandlungen

Publius Ovidius Naso ist ein berühmter ____________ Dichter. Er ________ von 43 v. Chr. bis 17 n. Chr. Seine Werke atmen die Offenheit und Lockerheit der ______________ Rom. Berühmt wurde Ovid durch seine ________________. Darin geht es um ________________ aller Art. Als er bei ____________ in Ungnade fiel, musste er in die ________________ gehen. Er starb in ____________ am Schwarzen Meer, dem heutigen Constanta in ______________.

Freiarbeit Lektion 45

Übung 1: Textarbeit am Lektionstext (stellenweise gekürzt und verändert)

1. Überlege, woran du indirekte Rede erkennst:

– ____

– ____

– ____

2. Markiere im Text alle Prädikate im Haupt- und Nebensatz. Beziehe auch die Infinitiv-Prädikate aus der indirekten Rede mit ein. Kreise Nebensatzeinleitungen ein.

3. Markiere am Rand des Textes die Abschnitte, die in indirekter Rede erzählt sind.

Nīcerōs ā Trimalchiōne rogātus tālem fābulam nārrāvit:

Cum adhūc servīret, dominum quondam Capuam profectum esse. Tum sē nactum esse occāsiōnem amīcae vīsitandae; sē persuāsisse hospitī, ut sēcum ad quīntum mīlliārium discēderet. Quem autem fuisse mīlitem, fortem tamquam Orcum.

Der Freund verwandelt sich in einen Werwolf, Nikeros gelangt schließlich zu seiner Freundin. Er fährt fort zu erzählen:

Sē intrāvisse et paene īnsānīvisse: Sūdōrem sibī per tōtum corpus volāvisse, oculōs quasi mortuōs fuisse. Amīcam suam mīrārī coepisse, quod ille tam sērō advenīret, et dīxisse: »Sī ante vēnissēs, nōs adiūvissēs!«

Lupum enim vīllam intrāvisse et omnia pecora trucīdāvisse. Tamquam laniōnem sanguinem ex illīs mīsisse. Nec tamen impūne: Servum enim tēlō collum eius trāiēcisse.

»Ut vērō domum vēnī, iacēbat mīles meus in lectō tamquam bōs, et collum illīus medicus cūrābat. Tum intellēxī illum versipellem esse. Nec posteā cum illō pānem gustāre potuī, nōn sī mē occīdissēs.«

Übung 2: Wortschatz aktiv!
Nenne das Gegenteil.

imperare	→ _ _ _ _ _ _ _ _	nunc	→ _ _ _ _ _ _ _ _
tenebrae	→ _ _ _ _ _	sol	→ _ _ _ _
negare	→ _ _ _ _ _ _ _ _ _ _	inimica	→ _ _ _ _ _
punitus	→ _ _ _ _ _ _ _	aperire	→ _ _ _ _ _ _ _ _
advenire	→ _ _ _ _ _ _ _ _ _ _ _	veste tectus	→ _ _ _ _ _

Übung 3: Morpheme
Vergegenwärtige dir noch einmal die Bildungsregeln für die Konjunktive:

Konjunktiv Präsens: ____________-Stamm + ____________(/________) + Personalendung

Konjunktiv Imperfekt: ____________-Stamm + ____________ + Personalendung

Konjunktiv Perfekt: ____________-Stamm + ____________ + Personalendung

Konjunktiv Plqpf.: ____________-Stamm + ____________ + Personalendung

Benutze ggf. folgende Hilfen:

Präsens (2) – e – isse – (e) re – Perfekt (2) – eri – a

Übung 4: Konjunktive – erkennen und bilden.
1. Bilde den Infinitiv Präsens Aktiv und bestimme die Form, indem du ankreuzt.

	Konj. Präsens	Konj. Imperfekt	Konj. Perfekt	Konj. Plqupf.
mitteremus				
sustuleris				
pervenisset				
audiant				
rogavissem				
pergeretis				
volet				

2. Bilde die fehlenden Formen.

Übung 5: Ein Märchen …
Markiere die Kennzeichen der indirekten Rede (AcI/Prädikate im Konjunktiv) und übersetze.
Um welches Märchen handelt es sich?

____

Poetae narrant …

a) puellam parvam per silvam iisse et villam aviae[1] petivisse.

b) quam subito lupum vidisse.

c) lupum eam interrogavisse, quid faceret. Tum lupum abiisse.

d) in aedibus aviae Rubricapullam puellam aviam in lecto iacentem vidisse.

e) puellam quaesivisse, cur avia aures tam longas, cur oculos tam magnos, cur dentes tam acres haberet.

f) »aviam« autem respondisse: »Ut te melius …!«

1 avia, ae *f.*: Großmutter

a) ______________________________

____

b) ______________________________

____

c) ______________________________

____

d) ______________________________

____

e) ______________________________

____

f) ______________________________

____

Übung 6: Schaurig schön! Teste dein Sachwissen.

Petron war der *arbiter elegantiae* (= Stilberater) welchen Kaisers?

a) Augustus	b) Tiberius
c) Nero	d) Trajan

Sein bekanntestes Werk heißt …

a) Saturnalia	b) Aeneis
c) Metamorphosen	d) Satyrica

Die Hauptpersonen in diesem Werk sind …?

a) Sklaven *(servi)*	b) Freigelassene *(liberti)*
c) Senatoren *(senatores)*	d) Ritter *(eques)*

Die Hauptperson *Trimalchio* veranstaltet …

a) ein Gastmahl	b) eine Totenfeier
c) eine Theateraufführung	d) eine Opferfeier

Lösungen der Tests

Diagnosetest Lektion 33

1. Wortschatz: *1 Punkt pro gewusstem Wort*
1) 1. Beschuldigung 2. Schuld 3. Verbrechen 2) später 3) Recht 4) anklagen (wegen einer Sache) 5) Tod 6) irgendjemand

2. Konjunktiv Präsens erkennen: *1 Punkt pro richtiger Form, 1 Minuspunkt pro falscher Form*
sit – defendant – credat – audiatis

3. Übersetzung und Konjunktive: *2 Punkte pro Satz (1,5 Punkte Übersetzung und 0,5 Punkte Benennung)*
a) Sextus: Oh weh! Was soll ich tun? → faciam = Deliberativ
b) Metella: Lasst uns den besten Anwalt aufsuchen! → petamus = Hortativ
c) Sextus: Wer kann mir wohl helfen? → adsit = Potentialis

4. Antike Kultur: Proskriptionen: *max. 4 Punkte*
- wer auf der Proskriptionsliste stand, verlor sein Vermögen und konnte ungestraft getötet werden (vogelfrei)
- insbesondere reiche Adelige und politische Gegner Sullas kamen zu schaden, z. B. der Vater von Sextus Roscius
- von den Proskriptionen profierten Sulla und seine Anhänger, z. B. Chrysogonus, die das Vermögen der Vogelfreien übernehmen konnten
- genauso profitierten diejenigen, die andere »anzeigten«, d. h. auf die Proskriptionslisten brachten

Diagnosetest Lektion 34

1. Wortschatz: *1 Punkt pro gewusstem Wort*
1) 1. zugewandt 2. feindlich 3. ungünstig 2) ebenso 3) Richter 4) hingehen 5) erlauben 6) Gerechtigkeit

2. Verbformen ordnen: *0,5 Punkte pro richtigem Eintrag*
Konjunktiv Präsens: putent, dicamus, defendam
Konjunktiv Imperfekt: necaret, curaremus, docerent
Konjunktiv Perfekt: dixeris, probaveritis

3. Übersetzung und Konjunktive: *2 Punkte pro Satz (1,5 Punkte Übersetzung und 0,5 Punkte Benennung)*
a) Sextus: Hoffentlich glauben mir die Richter! → credant = Optativ (erfüllbarer Wunsch der Gegenwart) – b) Cicero: Fürchte dich nicht, Sextus! → (ne) timueris = Prohibitiv – c) Richter: Die Gerechtigkeit soll siegen! → vincat = Jussiv

4. Antike Kultur: Gerichtsprozesse in Rom: *max. 4 Punkte*
- Anstoß zum Prozess: Meldung eines Verdachts oder einer Klage beim Prätor
- Verhandlung: Kläger und Beklagter vertreten ihre Position vor dem Prätor (Prozessvorsitz) und den Geschworenen *(iudices)* auf dem Forum
- manchmal übernehmen rhetorisch ausgebildete Gerichtsredner die Anklage- und Verteidigungsrede für die Betroffenen
- Urteil: Urteilsverkündung auf Basis der in den Reden vorgetragenen Argumente; evtl. Festlegung einer Strafe (auch Todesstrafe) für den Verurteilten

Diagnosetest Lektion 35

1. Wortschatz: *1 Punkt pro gewusstem Wort*
1) betasten 1. versuchen 2. angreifen 2) 1. Vernunft 2. Methode; Art und Weise 3. Grund 3) 1. heranführen 2. veranlassen 4) wenn auch; selbst wenn (+ Konj.) 5) 1. zurück(bringen) 2. berichten 6) heftig

2. Nd-Formen erkennen: *1 Punkt pro richtiger Form, 1 Minuspunkt pro falscher Form*
rapiendae – adhibendo – cantandis – temptandi

3. Nd-Formen bestimmen und übersetzen: *0,5 Punkte pro richtiger Bestimmung und 0,5 Punkte pro richtiger Übersetzung)*
a) adhibendo: Abl. Sg. m. – durch Anwenden/Anwendung – b) rapiendam: Akk. Sg. f. – zum Rauben/Raub; um zu rauben – c) navigandi: Gen. Sg. m. – des Segelns/zu segeln – d) pugnandum: Akk. Sg. m. – zum Kämpfen/zum Kampf; um zu kämpfen – e) necandi: Gen. Sg. m. – zu töten

4. Antike Kultur: Aietes und Iason: *max. 5 Punkte*
Aietes, der König von Kolchis, besitzt das goldene Vlies. Iason und seine Männer reisen zu Aietes, um das Vlies wieder in ihre Heimat zurückzubringen. Früher hat es nämlich den Griechen gehört und Iason hofft darauf, selbst König zu werden, wenn er den Auftrag erfolgreich ausgeführt hat. Aietes möchte das Vlies nicht hergeben und knüpft die Herausgabe des Vlies daran, dass Iason scheinbar unüberwindbare Aufgaben lösen muss. Aietes hofft, dass Iason die Aufgaben nicht überlebt und er so das Vlies behalten kann. Allerdings hat er die Rechnung ohne Medea gemacht …

Diagnosetest Lektion 36

1. Wortschatz: *1 Punkt pro gewusstem Wort*
1) Gesetz 2) als (nach einem Komparativ) 3) »dazwischen sein« 1. sich dazwischen befinden 2. teilnehmen; dabei sein 3. einen Unterschied machen für jmd.; wichtig sein 4) glücklich 5) denken 6) schreiben

2. Komparativ und Superlativ erkennen: *1 Punkt pro richtiger Form, 1 Minuspunkt pro falscher Form*
Komparative (rot): diutius, crudeliorem, graviore
Superlative (grün): miserrimam, turpissime, saevissimis

3. Übersetzung: *2 Punkte pro Satz*
a) Medea: Niemand ist stärker als Iason. – b) Medea: Iason ist der stärkste Mann. – c) Medea: Aber ich bin sehr unglücklich.

4. Antike Kultur: Iason und Medea: *max. 4 Punkte*
Medeas Liebe zum Helden Iason ist so stark, dass sie ihren Vater verrät und ihren Bruder tötet, um Iasons Leben zu retten. Damit Iason in Thessalien schließlich König werden kann, sorgt Medea auch noch durch eine List dafür, dass König Pelias von seinen Töchtern umgebracht wird. Das Happy End ist nah – Iason und Medea sind verheiratet und haben zwei Kinder. Doch die Vertreibung aus Thessalien und die Liebe Iasons zu einer anderen Frau bringen Medea dazu, die neue Geliebte und ihre eigenen Kinder zu töten. Am Ende steht Medea mit ihrer Verzweiflung ganz allein da, obwohl sie für ihre Liebe so viel riskiert und auf sich genommen hat. Spannend ist diese Geschichte bis heute, weil sie so überraschende und tragische Wendungen hat. Außerdem lässt sich sehr viel darüber diskutieren, ob man mit Medea wirklich Mitleid haben kann bzw. wieviel Schuld Iason an Medeas Verhalten hat.

Diagnosetest Lektion 37

1. Wortschatz: *1 Punkt pro gewusstem Wort*
1) klein 2) [»etwas zu Ende tun«] fertigstellen, vollenden 3) nah 4) mischen; verwirren 5) so sehr 6) Versammlung; Rat (1): 1. Beratung 2. Plan 3. Beschluss; Rat (2)

2. Nd-Formen erkennen: *1 Punkt pro richtiger Form, 1 Minuspunkt pro falscher Form*
miscendum – iurandi – cantanda – adhibendae

3. Übersetzung: *2 Punkte pro Ausdruck*
a) Ein Freund muss dir helfen. – b) Die Sklaven müssen das Essen vorbereiten. – c) Man darf nicht alle Dinge glauben.

4. Antike Kultur: Kaiser Nero: *max. 4 Punkte*
- Nero wird durch die Ehe seiner Mutter Agrippina mit Claudius Kaiser
- Agrippina macht den Philosophen Seneca zu Neros Berater
- Nero setzt sich für die schönen Künste ein
- Nero lässt seine Mutter umbringen

Diagnosetest Lektion 38

1. Wortschatz: *1 Punkt pro gewusstem Wort*
1) hinausgehen 2) leicht 3) zuletzt 4) dann 5) jdm. folgen 6) Freundschaft

2. Deponentien erkennen: *1 Punkt pro richtiger Form, 1 Minuspunkt pro falscher Form*
hortari – patior – sequerentur – usus est

3. Übersetzung: *2 Punkte pro Form*
a) er, sie, es stirbt – b) er, sie, es wird erhalten – c) er, sie, es hat gebraucht

4. Antike Kultur: Stoische Philosophie: *max. 4 Punkte*
In der Lehre der Stoiker ist die Welt durch göttliche Vernunft *(ratio)* geordnet. Nur der Mensch kann diese Weltordnung durch seine eigene Vernunft erkennen. Der Mensch muss akzeptieren, dass sein Leben durch die göttliche Vernunft vorherbestimmt ist und er den Lauf der Dinge nicht ändern kann *(fortuna)*. Um auch schlimme Erlebnisse tapfer und maßvoll zu ertragen, muss man an einem tugendhaften Charakter *(virtus)* arbeiten. Wenn man diese Herausforderungen meistert, kann man als Weiser *(sapiens)* ein glückliches Leben führen.

Diagnosetest Lektion 39

1. Wortschatz: *1 Punkt pro gewusstem Wort*
1) auseinandergehen; weggehen 2) zu Hause 3) alt; *Subst.:* alter Mann 4) zurückkehren 5) von hier 6) (ab)reisen; aufbrechen

2. Futur II-Formen erkennen: *1 Punkt pro richtiger Form, 1 Minuspunkt pro falscher Form*
profecti erunt – clamaverit – offenderimus – fuero – cupiverint

3. Fehlende Formen: *0,5 Punkte pro Form*
videt – videbit – viderit; irascitur – irascatur – irata erit; donant – donabunt – donaverint; cupio – cupiam – cupivero; claudimus – claudemus – clauserimus

4. Antike Kultur: Tragödie und Komödie: *max. 4 Punkte*

	Tragödie	Komödie
Ursprung	Griechenland	Griechenland
Inhalt	Mythologische Themen	Alltägliche Themen
Kennzeichen	Tragisches Ende für die Hauptfiguren → als Zuschauer leidet man mit (Katharsis)	Gutes und lustiges Ende für die Hauptfiguren → als Zuschauer lacht man mit

Diagnosetest Lektion 40

1. Wortschatz: *1 Punkt pro gewusstem Wort*
1) zerbrechen (= *etw.* kaputt machen) 2) Bronze; Geld 3) bevor 4) arm 5) nicht wollen 6) meinen

2. Formen bestimmen und übersetzen: *0,5 Punkte pro richtiger Form; 0,5 Punkte pro richtiger Übersetzung*
maluimus: 1. Pers. Pl. Ind. Perf. Akt. – wir haben lieber gewollt
noluisset: 3. Pers. Sg. Konj. Plqpf. Akt. – er, sie, es hätte nicht gewollt
vult: 3. Pers. Sg. Ind. Präs. Akt. – er, sie, es will
volebant: 3. Pers. Pl. Ind. Imperf. Akt. – sie wollten
malitis: 2. Pers. Pl. Konj. Präs. Akt. – ihr dürftet lieber wollen
nolemus: 1. Pers. Pl. Ind. Fut. I/ Konj. Präs. Akt. – wir werden nicht wollen

3. Formen von *velle*: *1 Punkt pro richtiger Form*
cupiat – velit; cupiverunt – voluerunt; cupiveramus – volueramus; cuperes – velles

4. Antike Kultur: Römischer Totenkult: *max. 4 Punkte*
- Vorbereitung der Toten: Die Toten wurden gewaschen, angekleidet und bekamen eine Münze in den Mund, um die Überfahrt in die Unterwelt zu bezahlen.
- Weg zur Bestattung: Die Toten wurden aus der Stadt getragen oder in festlich geschmückten Leichenwagen zur Bestattung gebracht.
- Lobrede auf den Toten *(laudatio funebris):* In diesen Reden wurde an die Leistungen des Verstorbenen zu Lebzeiten erinnert.
- Bestattung: Die Toten wurden mit Grabbeigaben beerdigt oder auf einem Scheiterhaufen verbrannt.

Diagnosetest Lektion 41

1. Wortschatz: *1 Punkt pro gewusstem Wort*
1) der fünfte 2) nehmen 3) Nachbar 4) mild 5) alle 6) dreißig

2. Zahlen ordnen: *0,5 Punkte pro richtigem Eintrag*
novem – 9 – IX; septuaginta – 70 – LXX; tredecim – 13 – XIII; viginti quattuor – 24 – XXIIII; centum octoginta duo – 182 – CLXXXII

3. Übersetzung: *1 Punkt pro Form*
in der siebten Stunde; ein Mann von 45 Jahren/ ein 45-jähriger Mann; im Jahr 2014; am elften Tag des Monats; 62 Minen (gr. Geldeinheit)

4. Antike Kultur: *Mostellaria: max. 4 Punkte*
- Theopropides lässt seinen Sohn Philolaches und seinen Sklaven Tranio zuhause zurück, um Geschäfte zu machen. (→ Szene aus dem Alltagsleben)
- Tranio nutzt die Abwesenheit des Herren, um das Geld seines Herren zu verprassen und Philolaches zu einem schlechten Lebenswandel zu verleiten. (→ typischer Komödien-Charakter: pfiffiger Sklave)
- Während einer ausgelassenen Feier kehrt Theopropides unerwartet nach Hause zurück. Um nicht aufzufliegen, verbarrikadiert sich Philolaches im Haus und Tranio behauptet, dass der Sohn das Haus verlassen habe, weil es darin spuke. (→ Zuschauer kann mit den Hauptfiguren mitweinen und mitlachen)
- Tranio erklärt, dass Philolaches das Haus des Nachbarn als neues Wohnhaus gekauft habe, aber der Schwindel fliegt auf, als Sklaven und der Nachbar Simo die Besichtigung des vermeintlich neuen Hauses stören. Überraschenderweise wird Tranio nicht allzu schwer bestraft. (→ glückliches Ende für die Hauptfigur)

Diagnosetest Lektion 42

1. Wortschatz: *1 Punkt pro gewusstem Wort*
1) 1. fühlen; merken 2. meinen 2) vergeblich 3) hinauswerfen; vertreiben 4) zusammentreiben: 1. versammeln 2. zwingen 5) sehr 6) Geduld

2. PFA-Formen erkennen: *1 Punkt pro richtiger Form, 1 Minuspunkt pro falscher Form*
rogaturus – condituri – impposituros – visuram

3. Bestimmung und Grundform: *0,5 Punkte pro richtiger Bestimmung; 0,5 Punkte pro richtiger Grundform*
missura: Nom./Abl. Sg. F., Nom./Akk. Pl. n. von mittere
appellaturo: Dat./Abl. Sg. m./n. von appellare
precaturi: Nom. Pl. m./Gen. Sg. m./n. von precari
conventuros: Akk. Pl. m. von convenire
moraturae: Nom. Pl./Gen. Sg. f./Dat. Sg. f. von morari
interrogaturam: Akk. Sg. f. von interrogare

4. Antike Kultur: Leben im Kloster: *max. 4 Punkte*

Leben in der Welt	Leben im Kloster
– Leben nach den Gesetzen, aber mit persönlichen Freiheiten (z. B. Ehe) – Familie als Gemeinschaft – Arbeiten für den Lebensunterhalt	– Leben in Demut und Gehorsamkeit gegenüber Gott und den Ordensregeln – Abbild der himmlischen Gemeinschaft – Zugang zu Bildung (besonders für Mädchen)

Diagnosetest Lektion 43

1. Wortschatz: *1 Punkt pro gewusstem Wort*
1) kleiner; geringer 2) fallen 3) vorrücken; weitergehen 4) auf; über 5) Bett 6) sich erheben

2. Bestimmen und Grundform nennen: *0,5 Punkte pro richtiger Bestimmung; 0,5 Punkte pro richtiger Grundform*
doctum esse = Inf. Perf. Pass. von docere; positurum esse = Inf. Fut. Akt. von ponere; abiturum esse = Inf. Fut. Akt. von abire; adventum esse = Inf. Perf. Pass. von advenire

3. Übersetzung: *2 Punkte pro AcI-Markierung, 1 weiterer Punkt pro richtiger Übersetzung*

a) Iulianus [se cum Thurkillo iam progressurum esse] dixit.
   Julianus sagte, dass er mit Thurkillus schon weitergehen wird (werde).
b) Thurkillus [beatum Paulum animos mortuorum liberaturum esse] speravit.
   Thurkillus hoffte, dass der glückliche Paulus die Seelen der Toten befreien wird (werde).

4. Antike Kultur: Das »Gericht« nach dem Tod: *max. 4 Punkte*
Bei den Ägyptern richtete der Anubis über die Toten. Er wog deren Herzen und entschied danach, wer verdammt wird und wen ein ewiges Leben erwartet. Im Christentum übernahm diese Aufgabe der Erzengel Michael, der die Seelen darüber hinaus vor dem Satan beschützen wollte.

Diagnosetest Lektion 44

1. Wortschatz: *1 Punkt pro gewusstem Wort*
1) sicher 2) meinen 3) wie; von welcher Art 4) Spur 5) versuchen 6) 1. menschlich 2. gebildet

2. Infinitive erkennen: *1 Punkt pro richtiger Form, 1 Minuspunkt pro falscher Form*
coli – mutari – necari – relinqui

3. NcI: *1 Punkt pro richtiger Markierung und 1 Punkt pro richtiger Übersetzung*

a) [Iupiter maximus deorum fuisse] traditur.
   Es wird überliefert, dass Jupiter der größte der Götter gewesen ist.
b) [Homines antiquis temporibus deos coluisse] putantur.
   Man glaubt, dass die Menschen die Götter in alten Zeiten verehrt haben. / Die Menschen sollen die Götter in alten Zeiten verehrt haben.
c) [Lycaon iram dei fugere] videtur.
   Es scheint, dass Lycaon vor dem Zorn der Götter geflohen ist.

4. Antike Kultur: *Publius Ovidius Naso: max. 4 Punkte*
- Römischer Dichter (43 v. Chr. bis 17 n. Chr.)
- Hauptwerk: Metamorphosen; Verwandlungsgeschichten von Sagengestalten
- Schreibt mit Witz und städtischer Lockerheit

- Verbannung durch Kaiser Augustus; vermutlich, weil Ovids Werke nicht den kaiserlichen Moralvorstellungen der damaligen Zeit entsprachen

Diagnosetest Lektion 45

1. Wortschatz: *1 Punkt pro gewusstem Wort*
1) einst 2) (solange) bis 3) zurückschauen 4) 1. Licht 2. Auge 5) bekennen; gestehen 6) schließen

2. Konjunktiv-Formen erkennen: *1 Punkt pro richtiger Form, 1 Minuspunkt pro falscher Form*
pervenirem – veniat – discederet – occidisses – fugiat – sit

3. Wahr oder falsch? *0,5 Punkte pro richtiger Antwort*
wahr; falsch; wahr; wahr; falsch; wahr; falsch; wahr

4. Antike Kultur: *Satyrica* **von Petron:** *max. 4 Punkte*
- Die Figuren in Petrons Werk sind eine Satire auf die Menschen der damaligen Zeit.
- Petron verarbeitet in seinem Werk seine Arbeit als »Minister für Fragen des guten Geschmacks« unter Nero.
- Insbesondere Figuren aus den unteren Schichten, z. B. Sklaven und Freigelassene, werden von Petron karikiert.
- Die Figuren erscheinen ungebildet, sprechen eine derbe Sprache und überschreiten fortwährend die Grenzen des guten Geschmacks.

Lösungen zum Freiarbeitsmaterial

Lektion 33

1. Textarbeit am Lektionstext

1.1 & 1.2 Prädikate und deren Form: paras: 2. Pers. Sg. Ind. Präs. Akt.; existimem: 1. Pers. Sg. Konj. Präs. Akt.; accusor: 1. Pers. Sg. Ind. Präs. Pass.; accusaris: 2. Pers. Sg. Ind. Präs. Pass.; credat: 3. Pers. Sg. Konj. Präs. Akt.; est: 3. Pers. Sg. Ind. Präs. Akt.; suscipiam: 1. Pers. Sg. Konj. Präs. Akt.; sunt: 3. Pers. Pl. Ind. Präs. Akt.; non sum: 1. Pers. Sg. Ind. Präs. Akt.; dicamus: 1. Pers. Pl. Konj. Präs. Akt.; agitur: 3. Pers. Sg. Ind. Präs. Pass.; committat: 3. Pers. Sg. Konj. Präs. Akt.; involvatur: 3. Pers. Sg. Konj. Präs. Pass.; agitur: 3. Pers. Sg. Ind. Präs. Pass.

1.3 Prädikate im Konjunktiv: existimem → Deliberativ; credat → Potentialis; suscipiam → Deliberativ; dicamus → Hortativ; committat → Potentialis; involvatur → Konj. im NS

2. Wortschatz aktiv!

mors; vindicare; falsus; civitas; improbus; iniuria; ingenium; orator

3. Formen bestimmen

dicamus: dicere, kons. Konj., sagen – credat: credere, kons. Konj., 1. glauben 2. anvertrauen – teneat: tenere, e-Konj., halten; haben – accusent: accusare, a-Konj., anklagen – committatis: committere, kons. Konj., 1. veranstalten 2. überlassen; anvertrauen

4. Setze das richtige Prädikat ein und übersetze

accusatus est; credat; falsum est; tenet; veniam; agitur; suscipiamus; defendamus

Roscius wurde des Mordes angeklagt. Wer soll dies glauben? Die Anklage ist sicher falsch. Nun hat Chrysogonus die Besitztümer. Cicero: »Ich soll den Fall –? Soll ich vielleicht selbst unter Verdacht geraten?« Metella: »Aber es wird über die römische Republik verhandelt. Lasst uns den Fall annehmen! Lasst uns Roscius verteidigen!«

5. Prozesse in Rom

accusator; in crimen vocare; orator; reus; defendere; instituta; ius; libertas

Lektion 34

1. Textarbeit am Lektionstext

1.1 Prädikate (rot): vincat; contendunt; necaret; amisit; proscriptus est; arrepta sunt; quaeramus; fuerit; fecerunt; habet; sunt; esses; petis; restet; ne ... probaveritis; ne ... permiseritis; amittamus

1.2 Prädikate im Konjunktiv: vincat → Optativ; necaret →Potentialis; quaeramus → Hortativ; fuerit → Konj. im NS; esses → Optativ; restet → Iussiv; ne ... probaveritis → Prohibitiv; ne ... permiseritis → Prohibitiv; ammitamus → Konj. im NS

1.3 Subjekte (blau): iustitia; accusatores; Roscius; Roscius; pater; bona; scelus; tres viri; Chrysogonus; qui; Magnus et Capito; qui; vita – Subjekt im Prädikat (eingekreist): quaeramus; esses; petis; ne ... probaveritis; ne ... permiseritis; amittamus

3. Konjunktive

3.1 Bildungsregel für die Konjunktive:
Konj. Präs: Präsensstamm + -a/ -e + Endung
Konj. Imperf.: Präsensstamm + -re + Endung
Konj. Perf.: Perfektstamm + -er(i) + Endung
Konj. Plqpf.: Perfektstamm + -isse + Endung

3.2 Markiere die Morpheme: Konj. Präs.: doceamus; accuset – Konj. Imperf.: probaretis; vincerent – Konj. Perf.: necaverim; timueris – Konj. Plqpf.: dixisses; accepisset

4. Wenn das mal gut geht! – Vor dem Roscius-Prozess

a) Ne Roscius a Chrysogono accusaretur! – *Wenn Roscius doch nicht von Chrysogonus angeklagt werden würde!*
b) Iustitia omnibus temporibus vincat! – *Die Gerechtigkeit soll in allen Zeiten siegen!*
c) Accusatores pecunia contenti fuissent! – *Wenn die Ankläger doch mit Geld zufrieden gewesen wären!*
d) Vita Roscio restet! – *Dem Roscius soll das Leben übrig bleiben!*
e) Utinam iudices reo parcant! – *Hoffentlich verschonen die Richter den Angeklagten!*

5. Gerichtssprache

Geschworene – iudices; Einleitung einer Rede – exordium; gerichtlich – forensisch; Ächtung – proscriptio/ Proskription; Schlussplädoyer einer Rede – peroratio; Prozessvorsitzender – praetor /Prätor; Ankläger – accusator; Verteidiger – patronus

Lektion 35

1. Textarbeit am Lektionstext

1.1 Prädikate (rot): missus est; faciam; accidat; priver; pereat; imponam; vincet; evitabit; non dabitur

1.2 Prädikate im Konjunktiv: faciam → Deliberativ; accidat → Iussiv; priver → Konj. im NS; pereat → Iussiv // Prädikate im Futur: faciam; imponam; vincet; evitabit

1.3 nd-Formen: reperiendam: Akk. Sg. f. zu pellem; referendae: Gen. Sg. f. zu pellis; temptandi: Gen. Sg. n.; pugnando: Abl. Sg. n.; adhibendo: Abl. Sg. n. zu dolo; rapiendae: Gen. Sg. f. zu pellis aureae

3. Gerundium und Gerundiv
a) in pelle comparanda – *beim Beschaffen des Fells*
b) ars navis aedificandae – *die Kunst, ein Schiff zu bauen*
c) occasio hospites adiuvandi – *die Gelegenheit, den Fremden zu helfen*
d) ad cibos dandos – *um Speisen zu geben*
e) ad pellem custodiendam – *um das Fell zu bewachen*
f) ratio rei gerendae – *der Grund, Dinge zu tun*

4. Zu allem bereit?
IASON paratus ad: pellem reperiendam – das Fell wiederzufinden; navem aedificandam – ein Schiff zu bauen; mortem obeundam – dem Tod entgegen zu gehen; officia Aietes gerenda – die Dienste des Aietes zu verrichten
AIETES paratus ad: Iasonem occidendum – Iason zu töten; peregrinos perdendum – die Fremden zugrunde zu richten; dolum adhibendum – eine List anzuwenden; labores impondendum – Aufgaben aufzuerlegen
ARGONAUTEN parati ad: fortiter pugnandum – tapfer zu kämpfen; Iasonem adiuvandum – Iason zu helfen; Iasonem comitandum – Iason zu begleiten; pericula in mari suscipienda – die Gefahren auf dem Meer auf sich zu nehmen

5. Alles klar?
Richtige Antworten: b) Küster; b) Chrysomallus; b) Kolchis; a) einen Löwen töten; d) Ziegenbock

Lektion 36

1. Textarbeit am Lektionstext

1.1 Prädikate (rot): volvit; credo; fuerint; timeo; pereat; vidi; possem; essem; affecta sum; faciam; adiuvem; ageres; agit; permovet; age; damnaberis; scriptum est; non poteris

1.2 Subjekte (blau): Medea; iuvenis; ego; pater; amor // **Subjekt im Prädikat (eingekreist):** credo; fuerint; timeo; vidi; possem; affecta sum; faciam; adiuvem; ageres; age; damnaberis; scriptum est; non poteris

1.3 Komparativ und Superlativ: miserrimam (Superlativ) – Akk. Sg. f. zu me; infelicissimam (Superlativ) – Akk. Sg. f. zu me; duriora (Komparativ) – Akk. Pl. n. zu iussa; recentissime (Superlativ) – Adv.; felicior (Komparativ) – Nom. Sg. f. zu ego; graviore (Komparativ) – Abl. Sg. n. zu vulnere; turpius (Komparativ) – Adv.; turpissime (Superlativ) – Adv.; diutius (Komparativ) – Adv.

2. Wortschatz aktiv!
in exilio; manere; recens; scribere; odium; diversus; felix; invitus

3. Steigerungsformen sicher erkennen

3.1 Kennzeichen:
a) Komparativ: Stamm + -ior/-ius + Endungen der 3. Dekl.
b) Superlativ: Stamm + issim + Endungen der a-/o-Dekl.

3.2 Welche Steigerungsform ist es?
Positiv: innocentis, fidus, sapientes – Komparativ: pulchrioribus, fidius, peiorum, carius – Superlativ: tristissima, acerrimos

4. Gut – besser – am besten!
Optimist von lat. bonus, melior, optimus; maximal von lat. magnus, maior, maximus; vehement von lat. vehemens, vehementior, vehementissimus; Minorität von lat. parvus, minor, minimus; Misere von lat. miser, miserior, miserrimus; diffizil von lat. difficilis, difficilior, difficillimus; Diversität von lat. diversus, diversior, diversissimus

5. Steigerungsformen sicher übersetzen
a) Das Haus ist groß. – Das Haus ist größer/ziemlich groß. – Das Haus ist am größten/sehr groß.
b) … eine heftige Gefahr. – …eine heftigere/ziemlich heftige Gefahr. – … die heftigste/eine sehr heftige Gefahr.
c) ein schwerer Stein – ein ziemlich schwerer Stein – der schwerste/ein sehr schwerer Stein
d) viele Menschen – mehrere Menschen – sehr viele Menschen

Lektion 37

1. Textarbeit am Lektionstext

1.1 Prädikate (rot): rogo; iurandum est; serves; caedendus est; nescio; misceatur; valent; non sunt; componenda est; potest; est; adscribat; tribuendum est; sinas; occidendus est; est; est

1.2 nd-Formen: iurandum: Nom. Sg. n. (unpersönlich) – caedendus: Nom. Sg. m. zu aliquis – adhibenda: Nom. Pl. n. zu talia – componenda: Nom. Sg. f. zu navis – tribuendum: Nom. Sg. n. zu quod (scelus) – occidendus: Nom. Sg. m. zu quis – occidenda: Nom. Sg. f. (kein direktes Bezugswort)

1.3 Dativus auctoris (eingekreist): tibi; mihi; nobis; ventis et fluctibus

3. nd-Formen sicher erkennen

3.1 Begriffe einsetzen: abgeleitet vom Präsens-Stamm + nd + Endung der o/a-Deklination; Gerundium substantivisch; Gerundiv adjektivisch

3.2 nd-Formen unterstreichen: adhibenda – occidendi – puniendo – credenda – timendum – caedendus – occidenda – veniendis

4. Das Gerundiv mit *esse* richtig übersetzen
a) Der König muss gute Ratschläge annehmen. b) Ein schlechter Kaiser muss das Volk fürchten. c) Die Menschen müssen die Götter loben. d) Die Bildung muss hochgeschätzt werden./ Man muss die Bildung hochschätzen.

5. »Qualis artifex pereo!« – Kaiser oder Künstler?
Jahr nach Chr.
37: Geburt Neros; 39: Verbannung durch Kaiser Caligula; 40: Tod von Neros Vater; 41: Aufhebung der Verbannung durch Kaiser Claudius; 49: Seneca wird Erzieher Neros; 54: Nero wird Kaiser; 59: Ermordung Agrippinas; 62: Tod des Burrus; 64: Brand Roms 68: Tod Neros

Lektion 38

1. Textarbeit am Lektionstext

1.1 & 1.2 Prädikate (rot) bestimmen: locutus est: 3. Pers. Sg. Ind. Perf. – prohibeor: 1. Pers. Sg. Ind. Präs. – referam: 1. Pers. Sg. Konj. Präs. – relinquam: 1. Pers. Sg. Ind. Fut. I – conservabitis: 2. Pers. Pl. Ind. Fut. I – superest: 3. Pers. Sg. Ind. Präs. – moriendum sit: 3. Pers. Sg. Konj. Präs. – hortor: 1. Pers. Ind. Präs. – fiatis: 2. Pers. Pl. Konj. Präs. – patiamur: 1. Pers. Pl. Konj. Präs. – complectitur: 3. Pers. Sg. Ind. Präs. – persuadet: 3. Pers. Sg. Ind. Präs. – aperit: 3. Pers. Sg. Ind. Präs. – utitur: 3. Pers. Sg. Ind. Präs. – occidit: 3. Pers. Sg. Ind. Perf.

1.3 Deponentien: locutus est; secuti; moriendum sit; hortor; fiatis; patiamur; complectitur; egredi; utitur

1.4 Abl. abs. und PCs: Abl. abs.: his verbis dictis – PCs: quod secuti; matrem fratremque interfectos; uxorem amatam; mortem facilem exspectans

3. Deponentien sicher erkennen
sequebatur: sequi, sequor, secutus sum – utar: uti, utor, usus sum – morimini: moriri, morior, mortuus sum – locuti sunt: loqui, loquor, locutus sum – hortatus esset: hortari, hortior, hortatus sum – egrederemini: egredi, egredior, egressus sum – patiamur: pati, patior, passus sum

5. Antike Philosophie. Teste dein Sachwissen.
Richtige Antworten: c) Platon; d) Peripatos; b) Liebe zur Weisheit; c) Kaiser Nero; d) Todesfurcht

Lektion 39

1. Textarbeit am Lektionstext

1.1 Prädikate (rot): coepit; erat; donavit; fecit; videbatur; offenderit; irascetur; faciam; iube; habe; est; verearis; dabo; utar; claudite; cavete; audiatur; videatur; ero; non intrabit; non licebit; pultaverit et clamaverit; ibo; exspectabo

1.2 Prädikate im Futur: Futur I: irascetur; dabo; utar; ero; non intrabit; non licebit; ibo; exspectabo – Futur II: offenderit; pultaverit; clamaverit

1.3 PCs und ihr Zeitverhältnis: Philolaches a Tranione, servo callido, incitatus (vorzeitig); pater adveniens (gleichzeitig); dolo meo territus pater tuus (vorzeitig)

3. Futur II-Formen sicher erkennen
Folgende Formen können Futur II sein: audiverit; fuerint; profectus erit; debuerint; offendero; reverterimus; donaverit; iratus eris

4. Morpheme und Tempora

4.1 Bildungsregeln und Formen:

a) Konjunktiv Perfekt: Perfekt-Stamm + eri + PE
b) Indikativ Plusquamperfekt: Perfekt-Stamm + era + PE
c) Konjunktiv Plusquamperfekt: Perfekt-Stamm + isse + PE
d) Indikativ Futur II: Perfekt-Stamm + er(i) + PE

audit; audiverit; audiverat; audivisset; audiverit – manent; manuerint; manuerant; manuissent; manuerint – parcis; peperceris; peperceras; pepercisses; peperceris

4.2 Bilde den Querschnitt:

	Aktiv		**Passiv**	
Präsens	intrat	intret	intratur	intretur
Imperfekt	intrabat	intraret	intrabatur	intraretur
Futur I	intrabit		intrabitur	
Perfekt	intravit	intraverit	intratus est	intratus sit
Plusquamperfekt	intraverat	intravisset	intratus erat	intratus esset
Futur II	intraverit		intratus erit	

5. Satzsalat

a) Theopropidem revertisse nuntiatum erat. – *Es war gemeldet worden, das Theopropides zurückgekehrt sei/ist.*
b) Philolaches valde timuit. – *Philolaches fürchtete sich sehr.*
c) Si me viderit ebrium, Theopropides irascetur. – *Wenn Theopropides sieht, dass ich betrunken bin, wird er wütend werden.*
d) Sed Tranio consilium callidum cepit. – *Aber Tranio schmiedete einen klugen Plan.*
e) Si dolo meo territus erit, Theopropides aedes non intrabit. – *Wenn er durch meine List erschreckt worden ist, wird Theopropides das Wohnhaus nicht betreten.*

6. Tragödie und Komödie. Teste dein Sachwissen.

Das antike Theater hat seine Wurzeln in Griechenland. Man unterscheidet zwischen der Tragödie (eigentlich »Bocksgesang«), die aus dem Kult des Gottes Dionysos hervorgegangen ist, und der Komödie: Ein κῶμος war ursprünglich ein Umzug, ebenfalls beim Fest des Dionysos. Die neue attische Komödie ist nicht mehr in der Mythologie verwurzelt, sondern zeichnet den Alltag und den Charakter der Menschen nach. Sie wurde im 3. Jhd. v. Chr. auch von den Römern übernommen. Ein berühmter Dichter der Komödie war Plautus.

Lektion 40

1. Textarbeit am Zweittext

1.1 Prädikate (rot): est; reddetur; noli clamare; reddetur; malo; fecit; abeam; reddatur; vult; est; est; debet; dic; factum est; volebat; opus erat; fecit; volo

1.2 & 1.3 Formen von *velle, nolle* oder *malle*:
noli: Imperativ Sg. von nolle; malo: 1. Pers. Sg. Ind. Präs. von malle; vult: 3. Pers. Sg. Ind. Präs. von velle; volebat: 3. Pers. Sg. Ind. Imperf. von velle; volo: 1. Pers. Sg. Ind. Präs. von velle

2. Wortschatz aktiv!
vivus; menses (Akk.!); somnium; pauper; interire; opinari; ianua/fores

3. *velle, nolle, malle* – Formen sicher erkennen

	Indikativ	Konjunktiv
Präsens	volumus; non vultis	malimus; velim
Imperfekt	nolebant; malebam	malles; vellent
Futur I	volam; males	
Perfekt	noluerunt; voluisti	maluerint; noluerit
Plusquamperfekt	volueramus; nolueratis	noluisset; maluissetis
Futur II	maluerint; noluerit	

4. Im Theater – nicht nur der Kunst wegen …

Ovidius poeta iuvenes Romanos docere volebat. Qui, si puellam convenire voluerunt, parentes adesse noluerunt. Ovidius: »Nolite ire in forum aut in loca publica. Ii, qui puellam convenire volunt, in theatrum ire malint. Ibi enim amicam tangetis, quam tenere volueritis. Labora reperire, quod amare velis.«

Der Dichter Ovid wollte den jungen Römern Tipps geben. Diese wollten nicht, dass ihre Eltern anwesend waren, wenn sie ein Mädchen treffen wollten. Ovid riet: »Geht nicht auf das Forum oder an öffentliche Orte. Diejenigen, die ein Mädchen treffen wollen, sollen lieber ins Theater gehen wollen. Denn dort werdet ihr das Mädchen berühren, das ihr haben wolltet. Bemühe dich zu finden, was du lieben willst.«

5. Epigramme von Martial
Küsse gibst du den einen, anderen gibst du, Postumus, die rechte Hand. Du sagst: »Was von beiden willst du lieber? Wähle!« Ich will lieber die Hand.
Nichts trägst du vor, Mamercus, und willst (trotzdem) als Dichter angesehen werden. Was immer du willst, so sei es, solange du nichts vorträgst.
Du fragst, Flaccus, was für ein Mädchen ich haben oder nicht haben möchte. Ich möchte keine, die zu leicht, und keine, die zu kompliziert ist. Jenes, was in der Mitte und zwischen beidem ist, finden wir gut. Und ich will weder das, was quält, noch will ich das, was befriedigt.

6. Wahr oder falsch?
wahr; wahr; wahr; falsch; falsch; wahr; wahr

Lektion 41

1. Textarbeit am Lektionstext

1.1 Prädikate (rot): habitat; somnias; abiit; fuit; dicis; habitat; liberavit; emit; perdidit; est; facit; perii // **Subjekte (blau):** nemo; dominus noster; pater; Philolaches; ille; hoc // **PE (eingekreist):** somnias; dicis; emit; facit; perii

1.2 Zahlwörter: tertius – der dritte – tres, tres, tria; quartus – der vierte – quattuor; quintus – der fünfte – quinque; sextus – der sechste – sex

Singular			**Plural**		
m.	**f.**	**n.**	**m.**	**f.**	**n.**
tertius	tertia	tertium	tertii	tertiae	tertia
tertii	tertiae	tertii	tertiorum	tertiarum	tertiorum
tertio	tertiae	tertio	tertiis	tertiis	tertiis
tertium	tertiam	tertium	terios	tertias	tertia
tertio	tertia	tertio	tertiis	tertiis	tertiis

3. Wortgitter
waagerecht: quartus, tria, sex, centum, mille
senkrecht: octo, octoginta, quindecim, novem, triginta, septem

4. Zahlen und Ziffern
undecim: 11, XI – nonaginta quattuor: 94, XCIV – duo milia sedecim: 2016, MMXVI – trecenti sexaginta quinque: 365, CCCLXIV – duo-de-septuaginta: 68, LXVIII – nongenti nonaginta novem: 999, CMXCIX

5. Ordne zu und übersetze
Richtige Reihenfolge: viginti – ducentesimo quinquagesimo quarto – centesimo octogesimo quarto – vigintorum – centum triginta – quadraginta quinque
Plautus wurde 254 v. Chr. geboren. 184 v. Chr. starb er. Als junger Mann von 20 Jahren ging er zum Theater und wurde Schauspieler. Von Plautus sind 130 Komödien bekannt: Tatsächlich hat er nicht mehr als 21 (Komödien) selbst geschrieben. Mit 45 Jahren schrieb er seine erste Komödie.

6. Antikes Theater. Teste dein Sachwissen.
Richtige Antworten: a) Plautus; a) Griechenland; c) der grausame Tyrann; b) Lautsprecheranlage; d) Athen

Lektion 42

1. Textarbeit am Lektionstext

1.1 Prädikate (rot): erat: Imperf. Akt.; desideravisset: Plqpf. Akt.; mutavit: Perf. Akt.; videretur: Imperf. (Dep.); adiit: Perf. Akt.; reciperent: Imperf. Akt.; factus (est): Perf. Pass.; appellatus est: Perf. Pass.; lavarent: Imperf. Akt.; viderunt: Perf. Akt.; fatentur: Präs. (Dep.); ponunt: Präs. Akt.; conveniunt: Präs. Akt.; fiunt: Präs. Akt.// **Subjekte (blau):** Marina virgo; pater; abbas et fratres; monaci; multa miracula // **PE (eingekreist):** desideravisset; videretur; adiit; factus et appellatus est; lavarent; fatentur; ponunt; conveniunt

1.2 Satzwertige Konstruktionen: PC: rogaturus; monaci … condituri; perterriti – Abl. abs: quibus eius precibus annuentibus – AcI: mulierem ipsum esse viderunt; se … peccavisse fatentur

2. Wortschatz aktiv!
frequens; patientia; peccare; religiosus; frustra; fateri; eicere

3. Partizip Futur Aktiv

3.1 Bildungsregel: Man nehme das PPP eines Verbs und füge vor der Endung der Silbe -ur ein. Die Endungen gehören zur a/o-Deklination. Also: *mittere → missum → miss-ur-um*

3.2 Bilde das PFA: dicturus; vocaturus; suscepturus; fassurus

4. PFA und Substantiv
Parentes ad monasterium profecturi – *Als die Eltern zum Kloster aufbrechen wollten*
Monachi corpus Marinae condituri – *Als die Mönche Marinas Leiche begraben wollten*
Abbas Marinam interrogaturus – *Als der Abt Marina befragen wollte*
Marina vitam religiosam gestura – *Als Marina ein frommes Leben führen wollte*

Lektion 43

1. Textarbeit am Lektionstext

1.1 Zeitangaben: iam; interim; proximo die; primo; vesperi; quo facto

1.2 Einleitungen der Gliedsätze: cum; ut; si; ut; utrum

1.3 Konstruktionen markieren:
PC: sanctus Iulianus dicens (gleichzeitig); ille dicens (gleichzeitig); animas mortuorum advenientes (gleichzeitig)
Abl. abs.: quo facto (vorzeitig)
AcI: dixit se … abiturum esse (nachzeitig); (dixit) corpus … remansurum esse (nachzeitig); docuit Paulum … positurum esse (nachzeitig)

3. PFA – oder nicht?
missurus – lecturum – spectaturos – profecturi

4. Stammformen
accedere, accedo, accessi, accessum → accessurum – deferre, defero, detuli, delatum → delaturum – sentire, sentio, sensi, sensum → sensurum – mutare, muto, mutavi, mutatum → mutaturum – videre, video, vidi, visum → visurum – habere, habeo, habui, habitum → habiturus – deponere, depono, deposui, depositum → depositurum

5. Bilde sinnvolle Sätze und übersetze
a) Sanctus Iulianus se cum Thurkillo ad inferos abiturum esse dixit. – *Der heilige Julian sagte, dass er mit Thurkillos in die Unterwelt gehen wolle.*
b) Thurkillus mulierem suam familiam bene curaturam esse sperabat. – *Thurkillus hoffte, dass seine Frau die Familie gut versorgen werde.*
c) Sanctus Iulianus corpus incolume remansurum esse promisit. – *Der heilige Julian versprach, dass sein Körper unversehrt zurückbleiben werde.*
d) Thurkillus Iulianum se bene ducturum esse credidit. – *Thurkillus glaubte, dass Julian ihn gut führen werde.*
e) Tandem ambo se spem in deo posituros esse constituerunt. – *Schließlich beschlossen beide, dass sie ihre Hoffnung auf Gott setzen würden.*

6. Nach dem Tod
Nach mittelalterlicher Vorstellung gelangen die Seelen der Verstorbenen zunächst in ein unterirdisches Reich. Dieses durchwandert man in verschiedenen Stationen. Schließlich werden die Seelen mit einer Waage gewogen. Dabei bewachen der heilige Michael – er kämpft mit seinem Schwert um die Seelen – und der Teufel beide Waagschalen. Ist die Seele zu leicht, gehört sie dem Teufel und landet in der Hölle. Die Seelen der Guten gelangen nach einer reinigenden Buße im Fegefeuer in den Himmel.

Lektion 44

1. Textarbeit am Lektionstext

1.1 Prädikate (rot) und ihre Bestimmung: dicabantur: 3. Pers. Pl. Ind. Imperf. Pass. (Auslöser); descendi: 1. Pers. Sg. Ind. Perf. Akt; non videbar: 1. Pers. Sg. Ind. Imperf. Pass. (Auslöser); lustrabam: 1. Pers. Sg. Ind. Imperf. Akt.; est: 3. Pers. Sg. Ind. Präs. Akt.; repertum sit: 3. Pers. Sg. Konj. Perf. Pass.; ingressus sum: 1. Pers. Sg. Ind. Perf. Pass.; dedi: 1. Pers. Sg. Ind. Perf. Akt.; coepit: 3. Pers. Sg. Ind. Perf. Akt.; irredet: 3. Pers. Sg. Ind. Präs. Akt.; ait: 3. Pers. Sg. Ind. Präs. Akt.; colitis: 2. Pers. Pl. Ind. Präs. Akt.; experiar: 1. Pers. Sg. Ind. Fut. I Akt.; sit: 3. Pers. Sg. Konj. Präs. Akt.; spectantur: 3. Pers. Pl. Ind. Präs. Pass. (Auslöser); servat: 3. Pers. Sg. Ind. Präs. Akt.; est: 3. Pers. Sg. Ind. Präs. Akt.; lucent: 3. Pers. Pl. Ind. Präs. Akt; est: 3. Pers. Sg. Ind. Präs. Akt.; est: 3. Pers. Sg. Ind. Präs. Akt.; fit: 3. Pers. Sg. Konj. Präs. Akt.

1.2 AcIs und NcIs:
AcI: quam infamiam falsam esse cupiens; signa dedi deum venisse
NcI: homines ... crudeles esse dicabantur; deus ... esse non videbar; in villos vestes, in crura lacerti mutari spectantur

3. Regeln wiederholen
Infinitiv Präsens Aktiv: **Präsens**-Stamm + Endung **–re**
Infinitiv Präsens Passiv: **Präsens**-Stamm + Endung **–i/ –ri**
Infinitiv Perfekt Aktiv: **Perfekt**-Stamm + Endung **–isse**
Infinitiv Perfekt Passiv: **PPP** + **esse**
Infinitiv Futur Aktiv: **PFA** + **esse**

4. Infinitive erkennen und bilden

Verbform	Präsens Aktiv	Präsens Passiv	Perfekt Aktiv	Perfekt Passiv
perdere	X	perdi	perdidisse	perditum esse
cupi	cupere	x	cupivisse	cupitum esse
excitari	excitare	x	excitavisse	excitatum esse
terrere	x	terreri	terruisse	territum esse
subiecisse	subicere	subici	x	subiectum esse
positum esse	ponere	poni	posuisse	x

5. Wolf und Lamm – Eine Fabel von Phaedrus
a) Lupus iam semper bestia crudelis esse putabatur. – *Man glaubte schon immer, dass der Wolf eine grausame Bestie sei.*
b) Agnus autem animal innocens esse auditur. – *Vom Lamm aber hörte man, dass es ein unschuldiges Tier sei.*
c) Aliquando agnus aquam bibere cupivisse narratur. – *Man erzählt, dass das Lamm einst Wasser trinken wollte.*
d) Lupus ad eundem flumen venisse traditur. – *Der Wolf ist – wie man überliefert – zum selben Fluss gekommen.*
e) Lupus et agnus de aqua certavisse feruntur; (lupus agnum criminis falsi accusavit). – *Wolf und Lamm sollen um das Wasser gestritten haben; (der Wolf klagte das Lamm eines falschen Verbrechens an).*
f) Postremo lupus agnum crudeliter necavisse dicitur. – *Angeblich soll der Wolf das Lamm schließlich grausam getötet haben.*

6. Publius Ovidius Naso
Publius Ovidius Naso ist ein ein berühmter römischer Dichter. Er lebte von 43 v. Chr. bis 17 n. Chr. Seine Werke atmen die Offenheit und Lockerheit der Weltstadt Rom. Berühmt wurde Ovid durch seine Metamorphosen. Darin geht es um Verwandlungen aller Art. Als er bei Augustus in Ungnade fiel, musste er in die Verbannung gehen. Er starb in Tomis am Schwarzen Meer, dem heutigen Constanta in Rumänien.

Lektion 45

1. Textarbeit am Lektionstext

1.1 Kennzeichen der indirekten Rede:
- in indirekter Rede wird die direkte Rede einer anderen Person wiedergegeben
- wird oft durch ein Verb des Sagens eingeleitet
- Hauptsätze in der indirekten Rede stehen im AcI; Nebensätze in der indirekten Rede stehen im Konjunktiv

1.2 Prädikate und Nebensatzeinleitungen: Prädikate: narravit; serviret; profectum esse; nactum esse; persuasisse; discederet; fuisse; intravisse; insanivisse; volavisse; fuisse; coepisse; adveniret; dixisse; venisses; adiuvisses; intravisse; trucidavisse; misisse; traiecisse; veni; iacebat; curabat; intellexi; potui; occidisses// Nebensatzeinleitungen: cum; ut; quod; si; ut; si

2. Wortschatz aktiv!
servire; lumen; confiteri; impune; proficisci; quondam; luna; amica; operire; nudus

3. Morpheme
Konj. Präs.: **Präsens**-Stamm + **-a** (**-e**) + Personalendung
Konj. Imperf.: **Präsens**-Stamm + **-(e) re** + Personalendung
Konj. Perf.: **Perfekt**-Stamm + **-eri** + Personalendung
Konj. Plqupf.: **Perfekt**-Stamm + **-isse** + Personalendung

4. Konjunktive – erkennen und bilden

	Konj. Präs.	Konj. Imperf.	Konj. Perf.	Konj. Plqupf.
mitteremus (mittere)	mittamus	x	miserimus	misissemus
sustuleris (tollere)	tollas	tolleres	x	sustulisses
pervenisset (pervenire)	perveniat	perveniret	pervenerit	x
audiant (audire)	x	audirent	audiverint	audivissent
rogavissem (rogare)	rogem	rogarem	rogaverim	x
pergeretis (pergere)	pergatis	x	perrexeritis	perrexissetis
volet (volare)	x	volaret	volaverit	volavisset

5. Ein Märchen …

Poetae narrant …

a) puellam parvam per silvam iisse et villam aviae petivisse. – *dass ein kleines Mädchen durch den Wald gelaufen sei und das Haus der Großmutter aufgesucht habe.*

b) quam subito lupum vidisse. – *dass es ganz plötzlich einen Wolf gesehen habe.*

c) lupum eam interrogavisse, quid faceret. Tum lupum abisse. – *dass der Wolf sie gefragt habe, was sie tue. Dann sei der Wolf weggegangen.*

d) in aedibus aviae Rubricapullam puellam aviam in lecto iacentem vidisse. – *dass das Mädchen mit der roten Mütze im Haus der Großmutter gesehen habe, wie die Großmutter im Bett gelegen habe.*

e) puellam quaesivisse, cur avia aures tam longas, cur oculos tam magnos, cur dentes tam acres haberet. – *dass das Mädchen gefragt habe, warum die Großmutter so lange Ohren, so große Augen und so scharfe Zähne habe.*

g) »aviam« autem respondisse: »Ut te melius …!« – *dass die »Großmutter« aber geantwortet habe: »Damit ich dich besser …!«*

6. Schaurig schön! Teste dein Sachwissen.

Richtige Antworten: c) Nero; d) Satyrica; b) Freigelassene; a) ein Gastmahl